राममनोहर लोहिया

राममनोहर लोहिया का जन्म 23 मार्च, 1910 को फैजाबाद, उत्तर प्रदेश में हुआ। उन्होंने अकबरपुर, बनारस और कलकत्ता से शिक्षा प्राप्त की। बर्लिन विश्वविद्यालय से 1933 में अर्थशास्त्र में पी-एच.डी.। 1934 में कांग्रेस सोशलिस्ट पार्टी के संस्थापक सदस्य, राष्ट्रीय कार्यकारिणी के सदस्य, अंग्रेजी साप्ताहिक 'कांग्रेस सोशलिस्ट' का सम्पादन। 1936-38, अखिल भारतीय कांग्रेस समिति के विदेश सचिव। 1942 की अगस्त क्रान्ति का नेतृत्व, विशेष रूप में कांग्रेस रेडियो का संचालन। 1944 के आरम्भ में गिरफ्तारी, लाहौर के किले में यातनाएँ। 1946 में बंगाल और बाद में दिल्ली में गांधी जी के शान्ति प्रयत्नों में सक्रिय योग। 1948 में हिन्द किसान पंचायत के अध्यक्ष। 1947-51, समाजवादी दल की विदेश नीति समिति के सम्मेलन में भारतीय प्रतिनिधि के रूप में यूरोप यात्रा, 1951 में विश्व-यात्रा। 1954 में प्रजा सोशलिस्ट पार्टी के महामंत्री। 1955-56, सोशलिस्ट पार्टी की स्थापना, प्रथम अध्यक्ष। 1958 में अंग्रेजी हटाओ, दाम बाँधो और जाति-विनाश आन्दोलनों का सूत्रपात और संगठन निर्माण। 1962 में फर्रुखाबाद, उत्तर प्रदेश से उपचुनाव में लोकसभा के सदस्य निर्वाचित। 1964 में अमरीका यात्रा और रंगभेद के विरुद्ध सिविल नाफरमानी करने पर गिरफ्तारी। 1937 से 1966 के बीच ब्रितानी, पुर्तगाली, और कांग्रेसी शासनों द्वारा कुल 18 बार गिरफ्तार। उन्होंने इतिहास, राजनीति, धर्म, दर्शन, समाजशास्त्र जैसे अनेक विषयों पर लिखी अपनी रचनाओं में आधुनिक और जटिल-से-जटिल विचारों को अपनी अनूठी शैली में अभिव्यक्ति देकर न केवल हिन्दी की अभिव्यंजना शक्ति को प्रदर्शित किया बल्कि भाषा की समता को नया विस्तार दिया।

12 अक्टूबर, 1967 को नई दिल्ली के विलिंग्डन अस्पताल में उनका निधन हुआ।

ओंकार शरद

ओंकार शरद ने अपनी रचनाओं और अनुवादों के माध्यम से हिन्दी साहित्य और समाज को समृद्ध किया है। उनकी प्रमुख पुस्तकें हैं—'अन्तिम बेला', 'नाता-रिश्ता', 'मिट्टी छाया', 'आँचल का आसरा' (उपन्यास); 'लंका महराजिन', 'खाँ साहब', 'कच्ची नींद', 'झपकियाँ', 'हमारी गांधी वापस करो!' (कहानियाँ-स्केच); 'लोहिया : एक प्रामाणिक जीवनी' (जीवनी); 'लोहिया के विचार', 'भारतमाता-धरतीमाता' (सम्पादन)। उनके द्वारा किए गए कुछ महत्त्वपूर्ण अनुवाद हैं—'अन्नपूर्णा', 'मेरा बचपन', 'यह दुनिया!', 'नया बसन्त', 'चरित नायक', 'नारी का रूप'।

D1832093

इतिहास-चक्र

राममनोहर लोहिया

सम्पादन
ओंकार शरद

लोकभारती पेपरबैक्स

पहला संस्करण 1954 में प्रकाशित

लोकभारती पेपरबैक्स में
पहला संस्करण : 2014
ग्यारहवाँ संस्करण : 2025

लोकभारती पेपरबैक्स : उत्कृष्ट साहित्य के जनसुलभ संस्करण

लोकभारती प्रकाशन
पहली मंजिल, दरबारी बिल्डिंग, महात्मा गांधी मार्ग,
प्रयागराज-211 022
द्वारा प्रकाशित
शाखाएँ : 1-बी, नेताजी सुभाष मार्ग, दरियागंज, नई दिल्ली-110 002
अशोक राजपथ, साइंस कॉलेज के सामने, पटना-800 006
1, अनमोल सोराबजी सन्तुक लेन, धोबी तलाव, मरीन लाइंस, मुम्बई-400 002
वेबसाइट : www.lokbhartiprakashan.com
ई-मेल : info@lokbhartiprakashan.com

विकास कम्प्यूटर एंड प्रिंटर्स
ट्रॉनिका सिटी-201 102
द्वारा मुद्रित

मूल्य : ₹199

ITIHAS-CHAKRA
by Ram Manohar Lohia
Edited by Onkar Sharad

ISBN : 978-81-8031-106-2

भूमिका

यदि अपने अब तक के आर्थिक और राजनीतिक सिद्धान्तों के प्रयत्नों के बौद्धिक नतीजों से सबक लूँ तो ऐतिहासिक सिद्धान्तों के बारे में अपने इस प्रबन्ध को प्रकाशित कराने से मुझे बचना चाहिए था। लेकिन आशा तो अमर है!

इतिहास, लगता है कि यूनानी दुखान्त नाटकों के अटल तर्क की तरह ही चलता है। पाँच हफ्तों की विदेश-यात्रा के बाद, 1953 के आखिर में, एक हवाई-कम्पनी की एक बस में गोरी चमड़ी वाले मर्दों और औरतों के दल में मैं अकेला अश्वेत श्रोता था, जो भारत के कीड़े-मकोड़ों और उनके काटने से जीवन-भर सताने वाली बीमारियों की बड़े विस्तार से चर्चा कर रहा था। मैं काफी देर तक अपनी जबान पर काबू किए रहा, क्योंकि मैंने धीरज रखना सीख लिया है यद्यपि पूरी तरह नहीं। एक मुखर और चपल महिला को मैंने काले नाग की बात बताई जिसके काटने का कोई इलाज ही नहीं। बस में कुछ लोगों ने समझा कि मैं बहुत कड़ुआ हो रहा हूँ। लेकिन मैं शरीर की किसी कड़ुवाहट के प्रति

सजग न था लेकिन वास्तव में मेरे अन्दर इतिहास की कडुवी दुहराहट की वेदना अवश्य प्राप्त थी। मैंने उन लोगों से कहा कि सचमुच भारत दुनिया का सबसे गरीब और गन्दा मुल्क है, लेकिन हो सकता है कि सौ साल या इससे कम समय में, यूरोप और अमरीका, भारत से इस सन्दर्भ में स्थान परिवर्तन कर लें। यह तो इतिहास-चक्र है। यह बिना किसी भावना के चलता है। मेरे लोग और मेरा देश दो बार पहले ही इतिहास के शिखर पर खड़े हो चुके हैं और मैं नहीं चाहूँगा कि इसकी तीसरी आवृत्ति हो। क्योंकि, यदि शिखर पर चढ़ने का तीसरी बार अवसर आएगा तो निश्चय ही हम फिर औंधे मुँह नीचे गिरकर धूल फाँकेंगे। यूनानियों और रोमनों को छोड़कर जो किसी तरह भी वर्तमान गोरी सभ्यता के अंग नहीं हैं, अमरीका और यूरोप वाले उतार-चढ़ाव के इस व्यापार में बिलकुल नए ही हैं। उनकी अपनी कोई अतीत-कुल-स्मृतियाँ नहीं हैं जो उन्हें इतिहास-चक्र की याद दिलाएँ। यही सबसे दुख की बात है। यदि इस चक्र पर सदा स्वयं टूटने के बजाय, मानव-जाति की सम्भावित योजना से इसे ही तोड़ा जाए तो अब भी दुनिया में बुद्धिमानों की वह हँसी गूँज सकती है जो मैंने महात्मा गांधी से सुनी और अलबर्ट आइंस्टीन में जिनकी प्रतिध्वनि से मुझे प्रफुल्लता मिली थी।

जिबरान मजदलानी, उनकी माँ, उनका शोफर, तीनों ही अरब और हम एक बार, मोटर द्वारा बेरुत से मश्क जा रहे थे जहाँ के खेत व पहाड़ियाँ बाइबिल की कथाओं द्वारा पवित्र हो चुके थे। एक बर्र मोटर में घुस आई। जिबरान की माँ बहुत परेशान हो उठीं और मोटर रुकवाई। तब तक बर्र शान्त होकर मेरे किनारे आकर बैठ गई थी। कड़े कागज का एक टुकड़ा उठाकर उसी से, धीरे से मैं बर्र को सरकाकर बाहर कर देने की कोशिश करने लगा।

और जैसा कि होना ही था बर्र जैसे नखरे दिखाने लगी। जिबरान की माँ अधिक उत्तेजित हो उठीं और मुझसे बोलीं कि मैं बर्र को मार डालूँ। मैंने उनसे कहा कि बेचारी खुद ही थोड़े दिनों में मर जाएगी। उनका खयाल था कि मरने से पहले यह किसी-न-किसी को डंक मारेगी अवश्य और उन्होंने मुझसे पूछा कि साँप होता तो मैं क्या करता। तब उन्हें यह बताकर कि जानवर या कीड़े जब तब छेड़े या सताए न जाएँ प्राय: हमला नहीं करते, मैंने उनसे पूछा कि अकारण डर या घृणा से हमला करने वाले के साथ वे क्या करेंगी? उन्होंने बताया कि वह उसे भी मारने का प्रयत्न करेंगी। मैंने उनसे कहा कि ऐसी हालत में सारी मानव-जाति को ही हमला करने से रोकने के लिए मारना पड़ेगा। इस समय जिबरान ने बीच में पड़कर अपनी माँ को भारत और गांधी के बारे में बताया। तब तक बर्र खिड़की से बाहर उड़ गई। वास्तव में बर्रों को बराबर खिड़की से बाहर निकालते रहना होगा और अगर इसमें कोई कमी हुई तो उनके डंक और उनको मारने वाले बढ़ते जाएँगे। लेकिन अधिकांश जातियों को मारकर समाप्त करना असम्भव है, वे समाप्त हो सकती हैं यदि उनकी पैदाइश रोक दी जाए। कोई बम, हाइड्रोजन बम भी मानव-जाति को इस तरह समाप्त नहीं कर सकता कि उसकी पैदाइश रुक जाए। जीवित प्राणियों में व्याप्त बुराई को अचानक समाप्त नहीं किया जा सकता, अधिक-से-अधिक उनकी पैदाइश रोकी जा सकती है। अत: बर्रों को बराबर ही खिड़की के बाहर निकालते रहना होगा और उनकी पैदाइश की जगहों को खोजकर साफ करते रहना होगा। क्या कभी मनुष्य को अपने भाग्य की बुराइयों के पैदाइश-स्थल को खोजकर साफ करने में इतिहास पढ़ने से सहायता मिलेगी?

—राममनोहर लोहिया

क्रम

इतिहास-चक्र

उद्देश्य और इतिहास

बीस साल से भी ज्यादा पहले, बर्लिन विश्वविद्यालय के रेस्तराँ की एक मेज पर इतिहास के कुछ विद्यार्थी बैठे थे। उनमें से कुछ हेगेलवादी थे, कुछ मार्क्सवादी। मैंने उनसे यह प्रश्न किया कि अपनी परिपक्व सभ्यता के बावजूद भारत दूसरे देश का गुलाम कैसे हो गया? उनमें कोई हठी या उद्दंड न था जैसा कि इतिहास पढ़ने वालों के लिए होना उचित ही था और मार्क्सवादी ने अपनी समझ से उत्तर दिया। उसने बताया कि भारत की मंडियाँ गाँव के स्तर से बढ़कर राष्ट्र के पैमाने तक पहुँच नहीं सकीं, भूमिहीन मजदूर देश में बहुत न बढ़ सके, और बड़े पैमाने पर बेदखलियाँ नहीं हुईं, काफी मात्रा में धन्धे बढ़ाने योग्य व्यापारिक पूँजी भी न थी और भारत को मैक्सिको का भाग्य और अन्य स्थानों की लूट का अवसर न मिला। यह काफी तथ्यपूर्ण तथा विस्तृत उत्तर था और जहाँ तक सचाई का सम्बन्ध है किसी हद तक सही उत्तर था। ब्रिटिशों द्वारा भारत पर कब्जा जमाने के पहले हमारी मंडियाँ आमतौर पर गाँव के स्तर की थीं, हमारे भूमिहीन मजदूरों की संख्या भी अधिक न थी और जहाँ

तक हमारे उद्योग-धन्धों के लिए व्यापारी पूँजी का सवाल है, यह विवादग्रस्त विषय है। फिर भी, मैंने अपने उस इतिहास के मार्क्सवादी सह-विद्यार्थी से पूछा कि यह तमाम तथ्य जो उसने गिनाए ये इंग्लैंड या पश्चिम यूरोप के अन्य देशों में सुलभ थे और भारत में क्यों नहीं थे। इसका उसके पास कोई जवाब न था।

तब हेगेलवादी से इस प्रश्न का उत्तर खोजने को कहा गया, और उसने जो कुछ कहने की कोशिश की वह इतिहास की आत्मा के बारे में, और कहा कि किसी कारण से इतिहास की आत्मा उस समय भारत के पक्ष में न थी कि वह विदेशी आक्रमण से बचाव कर सकता और लोग भी थके हुए थे। लेकिन वह भी असन्तोषजनक उत्तर था। इतिहास की दो प्रमुख विचारधाराओं से, जो इतिहास की गति के सम्बन्ध में अन्तिम बातें या अन्तिम उत्तर देने का दावा रखती हैं, इस प्रकार के उत्तर अजीब थे। अवश्य ही मार्क्सवादी ने जहाँ तक लक्षण या चिन्हों का प्रश्न है, अच्छे उत्तर की कोशिश की थी, लेकिन इन लक्षणों के कारणों के सम्बन्ध में वह भी उतने ही अँधेरे में था जितना कि इतिहास की दूसरी विचारधारा को मानने वाला होता। यदि इस सवाल पर और अधिक जोर दिया जाता, तो मार्क्सवादी और हेगेलवादी दोनों ही अपने उत्तरों में शायद अधिक चतुराई, रुक्षता व कठोरता दिखाते। मार्क्सवादी शायद कहता कि मानव-इतिहास ने कुछ खास रास्तों से चलकर ही मार्ग ढूँढ़ा है और यह तथ्य कि किन्हीं खास मौकों पर भारत को अन्य दूसरे देशों जैसा सुयोग या सुअवसर नहीं मिला, वह मानवता के लिए भी बहुत महत्त्व का सिद्ध नहीं हो सका। महत्त्वपूर्ण तथ्य की बात इतनी ही है कि प्रगति के तरीकों में मानवता ने क्रम से सीढ़ियाँ पार की हैं। उस विशेष अवसर पर पश्चिमी यूरोप, भारत से आगे बढ़ा और मैंने जो पूछा था वह उतने महत्त्व का प्रश्न न था। इसी तरह, हेगेलवादी सम्भवतः कहता कि भारत के लोगों की विशेष प्रतिभा तत्त्वज्ञान, अराजकता और विचार के क्षेत्र में ही है। अराजकता, जो कुछ अवसरों पर मानवीय आत्मा और संगठन के बहुत बड़े नतीजों की प्राप्ति कराती है, और वहीं दूसरे अवसरों पर, विशेषकर जब लोग विश्व इतिहास में अपनी भूमिका

अदा कर चुके होते हैं, और अपनी सृजनात्मक शक्तियों का व्यय कर चुके होते हैं तो उससे प्रगति अवरुद्ध हो जाती है।

इन उत्तरों ने किसी तरह भी हमें इतिहास की गति के सम्बन्ध में कोई सुराग नहीं दिया। प्रश्न अभी भी बना रहता है कि ऐसा क्यों है कि कुछ विशेष लक्षण या बातें जो कुछ विशेष अवसरों पर प्रभावशाली सिद्ध होती हैं, वही दूसरे अवसरों पर प्रभावहीन क्यों हो जाती हैं? क्योंकि जो लोग इस सम्बन्ध में हमें नियम देने का दावा करते हैं या कुछ रोशनी डालना चाहते हैं कि अलग-अलग समय में मानव का विकास कैसे हुआ, उन्हें यह भी बताने को सामर्थ्यवान होना चाहिए कि लोगों और वर्गों का उत्थान और पतन क्यों होता रहा है? यदि इस प्रश्न का कोई उत्तर नहीं है, तो इतिहास के नियम की बात करना फिजूल है। लक्षणों या चिन्हों की बातें करना कारण बताना नहीं होता।

मानव की विभिन्न परिभाषाएँ दी गई हैं। किसी भी विषय पर हम अधिकार के साथ कितना कम बोल सकते हैं, यह इसी से जाहिर हो जाता है कि मनुष्य-मात्र की कोई भी ठीक परिभाषा उपलब्ध नहीं है। अक्सर मनुष्य को सोच सकने में समर्थ-पशु कहा गया है। यह सन्देह भी उसी पर छोड़ दिया गया है कि वह सचमुच सोचता है, यह उसके सोच सकने की शक्ति का अच्छा प्रमाण है। यदि ऐसा ही है, तो उसके चेतन विचार किस सीमा तक उसकी कृतियों, स्मृतियों और सम्बन्धों को प्रभावित करते हैं? उसे औजार बनाने वाला पशु भी कहा गया है और यही परिभाषा अन्य सभी से अधिक अच्छी है। लेकिन मनुष्य में एक विशेष गुण है, वह है अपने तथा अपने सम्बन्धों के प्रति चेतना व जागरूकता। चाहे ये सम्बन्ध भगवान के साथ हों, जैसा कि कुछ कहते और स्थापित करना चाहते हैं या दूसरे लोगों के अनुसार एक बेनाम शक्ति के साथ हों, यह सब बाद के सवाल हैं। असली बात तो है उन सम्बन्धों के गुण तथा चेतना व जागरूकता।

जैसे ही मनुष्य अपने प्रति सचेत होता है, चाहे जिस स्तर पर यह चेतना आए और पूर्ण से अपने अलगाव के प्रति सन्ताप व दुख की भावना जागे,

साथ ही अपने अस्तित्व के प्रति सन्तोष का अनुभव हो, तब यह विचार प्रक्रिया प्रारम्भ होती है कि वह पूर्ण के साथ अपने को कैसे मिलाए, उसी समय उद्देश्यों की खोज शुरू होती है। जीवन का अर्थ मालूम करने की कोशिश होती है, और एक समय आता है जब मनुष्य पूछने लगता है कि क्या वह इतिहास के माध्यम से अपने उद्देश्यों को प्रकाश में ला सकने में समर्थ हो पा रहा है। इसमें कोई शक नहीं कि विभिन्न अवसरों व समय पर मनुष्य अपने जीवन के उद्देश्यों की पूर्ति के लिए जिया है, चाहे उस चेतना को ही जीवन का अर्थ माना हो। उसने चाहे अपनी चेतना से अर्थ खोजे या आर्थिक अथवा अन्य किन्हीं कारणों से ये विचार उस पर लादे गए हों, पर यह प्रश्न ऐसा है कि इसकी खोज होनी चाहिए। लेकिन ये उद्देश्य और साथ ही जीवन का अर्थ हमेशा से रहे हैं। मैं कहाँ से आया हूँ, मुझे जाना कहाँ है, मैं क्यों और कैसे जीता हूँ? और इस खोज में, जो मानव के समस्त इतिहास में उसके साथ-साथ रही मालूम पड़ती है, उसने संस्थाएँ बनाईं और उन्हें तोड़ा है, उसने युद्ध किए हैं और शान्ति के लिए सन्धियाँ की हैं, और इन तमाम विकास-क्रमों में उसने बार-बार यही खोजा है कि क्या उन घटनाओं के माध्यम से उसके जीवन का ध्येय पूरा हो सकता है जो मिलकर इतिहास का क्रम बनाती हैं।

इतिहास की ऐसी विचारधाराएँ भी अवश्य रही हैं जो यह मानने से इनकार करती हैं कि इतिहास में कोई नियम, उद्देश्य या क्रम है। उनके विचार में यह सब संयोग और अज्ञात का खेल है। कुछ-न-कुछ होता ही है। लेकिन कुछ क्यों होता है, यह कोई नहीं जानता। एक व्यक्ति केवल इतना कर सकता है कि वह प्रमाण इकट्ठा करे, उन्हें एक लड़ी में सँजोए, और जो कुछ हो, बस उसका दिलचस्प विवरण दे सके। इतिहास को भी उपन्यास-जैसा पढ़ने योग्य बनाया जा सकता है, लेकिन इसका कोई उद्देश्य और कोई रूपरेखा न होगी। ऐसा विचार मान्य है या नहीं यह विचारकों पर छोड़ा जा सकता है। मुझे इस प्रकार की विचारधारा में कोई दिलचस्पी न होगी, क्योंकि इससे मुझे कोई भी वैचारिक साधन या औजार प्राप्त नहीं होता जिससे मैं काम कर सकूँ। लेकिन

इस विषय के किसी भी अध्ययन में यह बात दिमाग की पृष्ठभूमि में अवश्य रखनी होगी कि ऐसे भी विद्वान व्यक्ति हैं जो इतिहास में किसी प्रकार के भी उद्‌देश्य या क्रम को मान्यता देने से इनकार करते हैं। इतना ही नहीं, जब हम ऐसे क्रम की खोज करने की कोशिश करें तो हमें हर समय यह याद रखना है कि बहुत बड़ी संख्या में ऐसे लोग हैं जिनकी राय में हमारी खोज बेकार है।

उद्‌देश्यों और व्याख्याओं की बात ही क्या, इतिहास के तथ्यों, असलियतों को भी इकट्‌ठा कर पाना कठिन है, केवल भारतीय इतिहास की ही नहीं। मैं बहुत दिलचस्पी से यह जानना चाहूँगा कि उस समय गौतम बुद्ध ने कैसा अनुभव किया था या उनकी उस समय क्या अनुभूति थी जब उस युग की सर्वश्रेष्ठ नर्तकी का परिचय उनसे कराया गया और उसने संघ में शामिल किए जाने के लिए आग्रह किया था। क्या उनके मन में तनिक-सा भी कम्पन तब हुआ था जब युग की सबसे सुसंस्कृत महिला ने संघ में प्रवेश पाने की अनुमति माँगी? हमें कुछ नहीं मालूम, न जान पाना कभी सम्भव है, क्योंकि बुद्ध को छोड़कर कोई अन्य यह नहीं जान पाया कि क्या हुआ था, और शायद बुद्ध भी न जान पाए होंगे कि क्या हुआ था। क्लियोपेट्रा को कैसा लगा होगा, जब उसके प्यार में सीजर की जगह एंटोनी ने ले ली? ईसा की भी मैंडेलीन थी। इन लोगों की तब सचमुच क्या अनुभूतियाँ थीं, जिन्होंने न केवल अपने युग में बल्कि हमेशा के लिए, मनुष्यों के दिमाग पर इतना गहरा प्रभाव डाला, यह इतिहास में सदा ही छिपा रहेगा।

भारत में वर्ण-व्यवस्था का उदय कैसे हुआ, और क्या समस्त जातियों को जिन्हें जीता गया, जीतकर अलग-अलग वर्णों के रूप में भारतीय वर्ण-व्यवस्था में मिला लिया गया, यह भारतीय इतिहासकारों के लिए विवाद का विषय होगा क्योंकि वे तथ्यों व असलियतों से परिचित नहीं है। पृथ्वी पर के लगभग प्रत्येक व्यक्ति का प्रारम्भ का इतिहास रहस्यमय तथा काल्पनिक कथाओं में गुम है या छिपा हुआ है। जातियों के इधर-उधर जाने, उनके आपसी टकराव, और महाद्वीपों में बसने आदि के बारे में तथ्यों को बिखरे हुए पुरातत्त्व और

साहित्यिक प्रमाणों से ही खुरचकर थोड़ी-बहुत जानकारी प्राप्त की है पर उसमें भी बहुत काल्पनिक और अनिश्चित है। मानव इतिहास पर दृष्टि डालते हुए इसे अच्छी तरह याद रखना होगा कि ऐतिहासिक खोजों में अभी बहुतेरी असलियतों का पता लगाना है और उनमें से बहुत सी ऐसी हैं जिनका तो पता लग ही नहीं सकता। तथ्यों और प्रमाणों का आपसी मतभेद व विरोध भी कुछ मामलों में ऐसा है जो तय ही नहीं किया जा सकता और जिनका हल भी सम्भव नहीं। जब बाहरी और ऊपरी दाँतों और घटनाओं की असलियतों के बारे में यह हाल है तो उन सूक्ष्म भावनाओं और उद्‌देश्यों के बारे में क्या कहा जाए, जिन्होंने इतिहास के उन महान पुरुषों पर प्रभाव छोड़ा है, लेकिन जो या तो अवचेतन में थे या हम तक उनकी जानकारी नहीं पहुँची और जो जीवन के उद्‌देश्यों और कर्मों को समझने के लिए बहुत ही महत्त्वपूर्ण हैं। फिर भी ऐतिहासिक-दर्शन की खोज आवश्यक रूप से सतत जारी रहेगी, पर कुछ नम्रता के साथ।

चक्र-सिद्धान्त

इतिहास के विशुद्ध चक्र-सिद्धान्त तो भारतीयों को ज्ञात होने चाहिए। इसमें चार युग बताए गए हैं। सतयुग से कलियुग तक, दो अन्य—त्रेता और द्वापर इनके बीच आते हैं। एक प्रकार का स्वर्ण-युग गिरता हुआ अन्धकार युग तक आता है और बीच में एक पीत-युग तथा एक धुँधला युग मिलता है। यह इतिहास का विशेष दृष्टिकोण है जिसमें उत्थान और पतन दोनों शामिल हैं, पतन के बाद उत्थान भी वह मानता है। इसमें कितनी समता है मानव-जीवन की घटनाओं से, जहाँ लोग बुराई के विरुद्ध अपनी लड़ाई में जीतते हैं, महानता और शक्ति की ऊँचाई प्राप्त करते हैं, अच्छाई, सच्चाई और सौन्दर्य की उच्चतम चोटियों पर पहुँचते हैं और तब आत्मा थक जाती है। फिर वे बिखराव, कमजोरी और उद्देश्यहीनता के गर्त में गिरने लगते हैं और अन्धकार के बाद के अनिवार्य प्रकाश के सहारे फिर आत्मा खिलती है और फिर उठना मुमकिन होता है। इतिहास के इस हिन्दू-दृष्टिकोण ने अपना महत्त्व बहुत कुछ नष्ट कर लिया है और जो कुछ दूसरी अन्य सभ्यताओं ने इतिहास में खोजने की कोशिश की

या अब भी कर रही हैं, उसे दर्शन या धर्म मान लिया है। इससे जहाँ जीवन के शाश्वत पहलुओं के बारे में दिलचस्पी पैदा हुई, वहीं जो नश्वर है, उसकी ओर समुचित ध्यान नहीं दिया गया। परिणामस्वरूप भारतीय दिमाग अक्सर निष्क्रियता या आडम्बर में गिर गया। एक कोशिश ऐसी भी की गई कि इतिहास के इस गहन और मूल्यवान दृष्टिकोण को रूपक मानकर लोगों की जिन्दगी के चक्र के चार युगों को गिरती हुई अच्छाई के विभिन्न गुणों में बदल दिया जाए। इन चारों युगों के संस्कृत नाम लगता है कि गणित के अंकों पर आधारित हैं, एक से चार तक, 'कलि' एक है और 'सत' चार। इतिहास के एक विशुद्ध चक्र-सिद्धान्त की ऐसी रूपक-व्याख्या न तो उचित ही है न ही उसके नतीजे अच्छे निकलते हैं। इस दृष्टिकोण का सबसे बड़ा व आवश्यक गुण यह है कि यह भौतिक घटनाओं को, अच्छे और बुरे दोनों रूपों को ही अस्थायी मानता है न तो बुराई खतम होती है और न अनिवार्य रूप से शक्ति खतम होने के बाद लोगों का गिरना जितना आवश्यक है उनका उत्थान भी उतना ही अनिवार्य है। यहाँ यह जोड़ना आवश्यक है कि इन चारों युगों में प्रत्येक की एक निश्चित अवधि दी गई है, जो बेशक, ऐतिहासिक से काल्पनिक अधिक है। लेकिन भारत के ऋषियों को साधुवाद कि उन्होंने गिरावट के हर युग को उसके पिछले युग से आधी ही अवधि दी।

इतिहास के चक्र-सिद्धान्त केवल भारतीय दिमाग की ही मात्र विशेषता नहीं है। वे वर्तमान शताब्दी में पश्चिमी यूरोप और अमरीका में भी प्रकट हुए हैं। यद्यपि पूरी तरह बिना मिलावटी रूप के नहीं। ये एक परिपक्व या गिरावट वाली सभ्यता के चिन्ह मालूम होते हैं, क्योंकि स्वस्थ युवावस्था का काल उनके लिए कुछ विरोधी होता है। अब एक बड़ी कोशिश हो रही है, मानव के भाग्य की गति के क्रम और उनकी अवधियों का पता लगाने की। सभी मानवी सभ्यताएँ ऐसा कहा जाता है, गति के क्रम से आने वाली इन अवधियों से गुजरती हैं। मिसाल के तौर पर कहा गया है कि एक सभ्यता की पूर्ण अवधि में एक के बाद एक, वास्तुकला, मूर्तिकला, चित्रकला और संगीत

का क्रमिक विकास होता है। कुछ लोग तो यहाँ तक चले गए हैं कि उनकी राय में समस्त मानव इतिहास में भी ऐसा ही क्रम मिलता है। अर्थात सबसे पुरानी सभ्यता में वास्तुकला की प्रधानता है और मौजूद सभ्यता में संगीत की। सभ्यता में कला के चक्र-सिद्धान्त के पक्ष में काफी प्रमाण हैं परन्तु इस क्रम की अनिवार्यता में बड़ी शंकाएँ भी हैं। इसके लिए भी बड़ी गम्भीरता से सच्ची कोशिश हो रही है कि विभिन्न सभ्यताओं को उनकी क्रमिक अवधियों में ही देखा जाए और उनका एक दूसरे से आपस में मिलान किया जाए। मिसाल के लिए यह कहा और माना जाता है कि एक सभ्यता अपने अन्तिम काल में दूसरी सभ्यता के अन्तिम काल से अत्यधिक मिलती-जुलती है, चाहे उनके बीच की दूरी दसियों शताब्दियों में फैली हो, बनिस्बत खुद अपने आरम्भिक काल के। इस तरह ऐसा विश्वास किया जाता है कि समस्त सभ्यताओं में भाषा और आचरण और जीवन के ढंग और उद्देश्य बुनियादी तौर पर एक ही ढंग से विकसित और परिपक्व होते हैं। सभ्यताओं के जीवन-विस्तार का काल निश्चित करने की कोशिश की गई है कि वे कितनी बार अपने ऊपर आने वाले संकटों का मुकाबला कर सकती हैं और अन्त में कब उनका ह्रास होता है। मानव-इतिहास का दर्शन करीब-करीब ज्योतिष जैसा होता जा रहा है। लेकिन इतिहास का विश्लेषण करने वालों के लिए यह याद रखना उचित होगा कि सभ्यता वहन करने वालों के रूप में लोगों और ऐतिहासिक समूहों के बारे में और मानव सभ्यता तथा उसके सांस्कृतिक क्रमों के लिए यदि यह सच है कि 'जो जनमा है वह मरेगा अवश्य' तो यह भी उतना ही सच है कि 'जो मरता है वह फिर पैदा होगा'।

इतिहास के इन चक्र-सिद्धान्तों में से अधिकांश की बातों में चाहे सार्वभौमिक सचाई न हो, ये निश्चय ही पहले के एक ही दिशा में प्रगति मानने वाले सिद्धान्तों की अपेक्षा सचाई के अधिक निकट हैं और इतिहास के अध्ययन में इनकी बड़ी देन है। अपनी शताब्दी को मनुष्य की प्रगति का अन्तिम रूप बनाने और

पश्चिमी सभ्यता की दुनिया का केन्द्र और सभी पूर्व सभ्यताओं का मापदंड बनाने की अज्ञानपूर्ण आशा कम-से-कम पश्चिमी यूरोप और अमरीका के विश्वविद्यालयों की उच्च श्रेणियों में समाप्त हो रही है। विश्व के इतिहास को प्राचीन, मध्य और आधुनिक युगों में बाँटना, उनमें एक अबाध या रुक-रुककर हुआ उत्थान बताना एक सांस्कृतिक बर्बरता है, जो किसी प्रकार भी दिलचस्प नहीं है। दूसरों के अलावा स्पेंगलर, टायनबी, नार्थरॉप और सोरोकिन ने इस बर्बरता का अन्त करने का प्रयास किया है, चाहे सभ्यता की गति के क्रमों की खोज करने में उन्होंने जो भी भूलें की हों। उनके अध्ययनों से अवश्य ही ऐतिहासिक सत्यों के वर्गीकरण के बहुमूल्य तरीके मिले हैं। सही ढंग से इनका वर्गीकरण कर पाना, किसी बात को समझने का पहला कदम है।

जिन तत्त्वों के मिलावट से संस्कृति बनती है, उन्हें अलग करके उनका वर्गीकरण करने की कोशिश हुई है। उदाहरण के लिए स्पेंगलर ने एक ओर आज की बौद्धिक और निरीक्षणात्मक संस्कृतियों को रखा है, जो उसकी राय में जकड़ी हुई हैं, और इनके विरोध में उसने पहले की तात्कालिक अन्तर्ज्ञान वाली सभ्यताओं को रखा है। नार्थरॉप ने भी संस्कृति के सैद्धान्तिक वैज्ञानिक तत्त्वों को उसके अन्तर्ज्ञान और सौन्दर्य-चेतना सम्बन्धी तत्त्वों से अलग करने का प्रयत्न किया है और कुछ प्रमाणों के साथ पश्चिम में पहले और पूर्व में दूसरे का प्राधान्य दिखाया है। सोरोकिन का विश्लेषण कुछ अधिक अच्छा व गहन मालूम पड़ता है क्योंकि उसने अधिक ढंग से छाँटकर इन तत्त्वों को तीन वर्गों; विचार, आदर्श और इन्द्रिय-सम्बन्धों में बाँटा है। ऐसे विश्लेषणों से इन तत्त्वों में जो आपसी अन्तर या विरोध झलकता है, वह कुछ भ्रामक व गलत है, क्योंकि हर सभ्यता में ये सभी तत्त्व मौजूद रहते हैं। यह सम्भव है कि कोई तत्त्व प्रधान हों और कोई गौण और उनकी स्थिति में बदलाव होता रहे। एक के अलावा दूसरे तत्त्व की प्रधानता केवल दो अलग-अलग सभ्यताओं में हो सकती है, बल्कि एक ही सभ्यता की अलग-अलग अवधियों में भी हो सकती है। यह भी सम्भव है कि कुछ विशेष लोग अपने इतिहास के द्वारा किसी एक

प्रधान तत्त्व वहन करने में विशेष उपयुक्त हो जाएँ। मिसाल के लिए भारत के बारे में विश्वास किया जाता है अन्तर्ज्ञानी-रहस्यवादी संस्कृति के प्रति उनकी विशेष रुझान है।

किसी भी संस्कृति में आने वाले बदलाव की गति को मालूम करने के लिए भी काफी प्रमाण इकट्ठा किए गए हैं। जिनसे ज्ञात होता है कि बौद्धिक संस्कृतियों की अपेक्षा अन्तर्ज्ञानात्मक संस्कृतियाँ धीरे-धीरे बदलती हैं। सांस्कृतिक विस्तार की सम्भावनाओं पर भी अध्ययन किया गया है। जबकि इन ऐतिहासिक दर्शनों ने इतिहास का विश्लेषण करने और उन्हें समझने के मूल्यवान साधन हमें प्रदान किए हैं। लेकिन इतिहास के चक्र की दुहरावट को ये पूरी तरह नहीं मानते और उनकी परिपक्व सभ्यता आज जिस संकट में पड़ गई है, उससे बाहर निकलने का बराबर रास्ता खोजते हैं। यहाँ तक कि स्पेंगलर ने भी बराबर इस बात का प्रयत्न किया है कि उस अँधेरे से निकलने का रास्ता खोजें जो पश्चिम में छा गया है। परन्तु ऐसी कोशिशें अधिकांश में बड़ी कमजोर, अवैज्ञानिक और अज्ञानपूर्ण हैं चाहे वे अपने को जितना भी एकतावादी आदि कहें। वास्तव में हम इस बात के लिए उनकी तारीफ कर सकते हैं कि वे एकता की आवश्यकता का अनुभव करते हैं पर ऐसी एकता के प्रति किसी तर्कपूर्ण दृष्टिकोण की कमी है। आध्यात्मिक और बौद्धिक का लम्बे इतिहासों के बाद जो रूप बना उन्हीं रूपों में और इस ढंग से उन्हें मिलाने की कोशिश होती है कि मिलाने वालों को वास्तव में सामाजिक दर्शन के लाइसेंन्कों कहा जा सकता है। आधुनिक सभ्यता के सैद्धान्तिक तत्त्वों की कलम पूर्व-सभ्यताओं के अन्तर्ज्ञानात्मक तत्त्व पर लगाना, या साधारण भाषा में पूर्व की आध्यात्मिकता को पश्चिम के विज्ञान से मिलाना, बिलकुल व्यर्थ की कोशिश है।

लेविस ममफोर्ड और मार्टिन बूबर जैसे लोगों ने सच्ची एकता की ओर महत्त्वपूर्ण प्रगति की है, लेकिन उनका झुकाव सौन्दर्यात्मक या धार्मिक पक्ष की ओर अधिक है और उन्होंने बुद्धिवादी भाषा में इसे ठीक से नहीं बदला।

अस्तित्व बनाए रखने के लिए अन्तर्ज्ञान की ऐसी भाषा और ऐसे विचार बनाने होंगे जिनकी बौद्धिकता और आध्यात्मिकता आपस में बदली जा सकें। यह तथ्य कि यूरोप के दिमाग ने ममफोर्ड और बूबर को छोड़कर स्पेंगलर-टायनबी को अपनाया है, इससे यह खतरा मालूम पड़ता है कि उसका बुनियादी गुण है कि खेद प्रकट करके या अन्य चतुराई के ढंगों से अपने को बचावे। ऐसा अन्तर्ज्ञान, जो अपने से बाहर की वास्तविकता को बुद्धिपूर्वक स्वीकार कर ले, बहुत कम मिलता है।

कुछ समय पहले तक पश्चिमी यूरोप में ओसवाल्ड स्पेंगलर का चक्र-सिद्धान्त ऐतिहासिक फैशन में था। ऐतिहासिक व्याख्याओं में भी फैशन होते हैं जिसने पश्चिम के पतन पर लिखा था और जिसका विचार था कि हर संस्कृति और सभ्यता जन्म, विकास और मरण, वसन्त, ग्रीष्म, पतझड़ और शीतकाल की विभिन्न सीढ़ियों से होकर गुजरती है, इससे बचाव का कोई मार्ग नहीं कि हर संस्कृति गिरावट की स्थिति में आकर पहले सभ्यता का रूप लेती है और तब समाप्त हो जाती है। हर संस्कृति, चाहे वह कितनी भी ऊँची क्यों न उठ जाए, अवश्य ही नष्ट होकर दूसरी के लिए स्थान खाली करेगी। मैं केवल एक उदाहरण स्पेंगलर का दूँगा जिसमें उसने लोगों के उत्थान और पतन का अन्तर बताया है। उत्थान में संस्कृति है और पतन में सभ्यता है। संस्कृति के काल में लोग एक या दो मंजिले मकान बनाते हैं जो अपने चतुर्दिक वातावरण में खप जाते हैं। और आस-पास की प्रकृति का ही एक अंग मालूम पड़ते हैं। सभ्यता के काल में पाँच या छह या और भी अधिक मंजिलों के मकान बनाए जाते हैं, जो पृथ्वी के साथ अनाचार ही है।

इतिहास के ऐसे दर्शन जो पश्चिमी सभ्यता के सह-चरित्र हैं, एक ही दिशा में लगातार या रुक-रुककर हुई प्रगति को मान्यता देते हैं। ऐसे लोगों की कोई विशेष चर्चा करने की जरूरत नहीं जिनकी राय में मनुष्य एक पुरातन स्वर्ण-युग से बराबर गिरता चला आ रहा है; क्योंकि इसका कोई साधारण या स्थायी प्रभाव नहीं पड़ा। मशीनी ढंग से बराबर बदलते हुए, जो पश्चिमी सभ्यता और

पूँजीवादी आर्थिक संगठन की विशेषता है, पश्चिमी मनुष्य में भी अपने भविष्य के प्रति एक स्वस्थ-विश्वास पैदा कर दिया। हर मनुष्य अपना स्वार्थ-साधन चाहता है और सभी लोगों के स्वार्थ-साधन से सभी का अधिक-से-अधिक लाभ होगा, पूँजीवाद की इस प्रारम्भिक मान्यता को मशीनों में बराबर सुधार होते रहने की सम्भावना से उत्साह मिला। जब पूँजीवाद के प्रारम्भ में बच्चों से काम लेना, राष्ट्रों में आपसी युद्ध और घोर शोषण का बोलबाला था, जैसा कि आज भी है, तब भी इस सिद्धान्त की राय थी कि ये सब अस्थायी घटनाएँ हैं और जब औद्योगीकरण पूरा हो जाएगा, जब उद्योग-धन्धे और खेती से हर जगह मनुष्य की जरूरतें पूरी होने लगेंगी और दोषरहित स्पर्द्धा का राज्य होगा तो दुनिया में सभी मनुष्यों के लिए शान्ति और समृद्धि होगी।

अर्थशास्त्र में आदम स्मिथ और उनके बाद के विद्वानों ने तर्कों का एक भयानक व विशाल ढाँचा खड़ा करके इस अस्वस्थ विकास को जीवित रखा। राजनीति में यह विश्वास प्रतिनिधि लोकतंत्र और बेन्थम तथा मिल्स की कृतियों से जीवित रहा। समाजशास्त्र में यह विश्वास किया जाता था कि मनुष्य पहले से कबायली, आस्तिक और तत्त्वज्ञानात्मक आधारों से होकर, आधुनिक नैश्चित्यवाद तक काम्टे और स्पेन्सर में प्रतिबिम्बित विश्वास तक पहुँचा है। जर्मनी ने इस विश्वास की इस भावना से कठिन क्षेत्रों में ले जाकर दर्शन को, विशेषकर ऐतिहासिक दर्शन को, एक विशाल ढाँचा प्रदान किया। हेगेल और फिश्ते ने अपने-अपने ढंग से मनुष्य की एक के बाद एक आने वाली संस्थाओं में मूर्त, जिनमें राज्य सर्वश्रेष्ठ है, इतिहास की आत्मा के निरन्तर उत्थान से स्वर्ग को पृथ्वी पर उतार दिया।

अर्थशास्त्र, समाजशास्त्र और इतिहास के इन दृष्टिकोणों में कोई भी न्यायसंगत नहीं। लेकिन अस्वीकृति के बाद भी ये आधुनिक दिमाग का एक आवश्यक अंग बन गए हैं। जहाँ भी, जैसे अमरीका में, पश्चिमी सभ्यता की शक्ति और महानता में रुकावट नहीं आई है, निरन्तर प्रगति में बड़ा विश्वास रहा है। जहाँ भी, जैसे सोवियत रूस में, इस सभ्यता की शक्ति और महानता

देखने में बढ़ती नजर आती है, वहाँ भी इतिहास के द्वारा मनुष्य की निरन्तर प्रगति में उतना ही विश्वास है। साम्यवाद के जनक कार्ल मार्क्स ने अर्थशास्त्र का रूप एक ऐसा सिद्धान्त निरूपित किया जो देखने में आदम स्मिथ से बिलकुल उलटा मालूम होता है। इसी तरह उसका इतिहास का दर्शन हेगेल से विपरीत मालूम होता है। वह पूरी तरह प्रगति में विश्वास के पैगम्बर थे। उनके सिद्धान्त भी उतने ही असंगत हो सकते हैं जितने अठारहवीं शताब्दी के अन्य यूरोपीय विद्वानों के, लेकिन उनके विपरीत मार्क्स का मनुष्य के दिमाग पर सीधा और गहरा असर पड़ता है। यह असर चाहे उन क्षेत्रों में उतना ज्यादा न हो जिनके लिए उसने अपना सिद्धान्त मुख्यत: निरूपित किया था, लेकिन इतिहास और तर्क के एक अजीब पेच से यह पश्चिमी सभ्यता द्वारा गुलाम और अछूत बनाए गए लोगों के दिमाग में जम गया है। उसका काम है पश्चिमी यूरोप और अमरीका के बड़े हिस्सों में निराशा पैदा करना। लेकिन इसके विपरीत उसने एक स्वर्ण-युग का सपना देखने में सहायता की है, जो बहुत दूर भी नहीं है।

पश्चिमी यूरोप में उन्नीसवीं शताब्दी में साधारणतया प्रगति के प्रति एक विश्वास मिलता था, और आज भी यह विश्वास इतिहास के नए दृष्टिकोणों में मिलता है, यद्यपि बड़ी नम्रता से। अन्तिम दृष्टिकोण टायनबी का है और उसके पहले स्पेंगलर का। अर्नाल्ड टायनबी का विचार यह मालूम पड़ता है, इतिहास में जिन चीजों के बारे में हम बहुत अधिक पढ़ते हैं, बड़े राजनीतिज्ञों, सम्राटों-योद्धाओं और सेनापतियों के कारनामे, बड़े साम्राज्यों का निर्माण या महान वास्तुकला या मूर्तिकला का विकास, ये वास्तव में मानव के जीवन के महान युग नहीं हैं। उसके विचार से इतिहास में महानता तब आती है जब गिरावट और बिखराव आता है, जो मनुष्य की सच्ची आवश्यकताओं को पूरा करने वाले महान धर्मों को जन्म देता है। टायनबी के लिए मनुष्य की महानता के युग वे नहीं हैं जब साम्राज्य बने। बल्कि वे हैं जब इस्लाम, ईसाई और बौद्ध जैसे महान धर्म पैदा हुए और फैले। निराशा के इन्हीं युगों में मनुष्य

बाहरी दुनिया, सारी सृष्टि, प्रकृति और अन्य मनुष्यों के साथ अपने सम्बन्धों के बारे में सोचना शुरू करता है। इतिहास का यह दृष्टिकोण चक्र-सिद्धान्त से मिलता-जुलता है। क्योंकि टायनबी के अनुसार कला और विज्ञान मशीन और उद्योग-धन्धों में आज जो प्रगति हुई है, वह उस गिरावट, दमन और बिखराव के साथ जो बहुत दिनों से हैं और जो साधारणतया उद्‌देश्यहीनता से प्रकट है। मालूम होता है जैसे बड़े महत्त्वपूर्ण दिन के बाद की यह अँधेरी रात है, लेकिन भोर अभी दूर है। लेकिन टायनबी अपने स्वर्णिम भविष्य को वर्तमान युग और ईसाइयत के प्रचार के साथ बाँध देता है, जो प्रगति का वही एकांगी दृष्टिकोण है, जिसके अनुसार आज की सत्ताधारी पश्चिमी सभ्यता कल की नई विश्व-व्यवस्था बन जाएगी। उसका कुछ ऐसा विचार है कि मनुष्य को अब तक जितने धर्म मिले हैं, उनमें चूँकि ईसाई धर्म सबसे अधिक सन्तोषजनक है और सिद्धान्त में उससे बेहतर कुछ सम्भव भी नहीं, अत: कुछ सीमा तक इस्लाम से मिलकर वह सारी दुनिया में फैल जाएगा जिससे मनुष्य को आन्तरिक शान्ति मिलेगी, अपने वातावरण के साथ उसका मेल-जोल बढ़ेगा और साथ ही विश्व-शान्ति की भी स्थापना हो सकेगी। जहाँ तक आधुनिक मनुष्य की बनाई हुई कृतियों, सरकारों के अलग-अलग ढंग और शक्तिशाली होने का प्रश्न है, टायनबी के अनुसार इतिहास अपनी तह पर चलेगा। मुझे शक है कि उसकी राय में पूँजीवाद का वर्तमान-युग, शायद अपने लड़ाकू रूप में नहीं बल्कि उस रूप में जिसकी रूपरेखा रूजवेल्ट आदि लोगों ने और यूरोपीय समाजवादियों ने प्रस्तुत करने का प्रयत्न किया है, या उनके अपने शब्दों में पश्चिमी सभ्यता एक ऐसी दुनिया में बढ़ सकेगी जिसमें युद्ध और गरीबी समाप्त हो जाएँगे, बशर्ते कि वह आन्तरिक शान्ति प्राप्त करने के लिए ईसाइयत के साधन को अपनाए।

इतिहास का यह दृष्टिकोण काफी प्रभाव रखता है कि आधुनिक मनुष्य अपने उद्योग-धन्धों, मशीन, खेती, लोकतांत्रिक सरकार और विभिन्न राष्ट्रों के बीच मेल-जोल या शक्ति-सन्तुलन के साथ अपने लक्ष्य को प्राप्त कर लेगा,

यदि उसे ईसाइयत के जैसे महान धर्म की बड़ी सहायता मिले, लेकिन मैं इसे इतिहास के उन्हीं दृष्टिकोणों के बीच रखूँगा जो दोनों लोकों को, उन्नीसवीं सदी से यूरोप के एकांगी प्रगति के दृष्टिकोण और चक्र-सिद्धान्त की निष्पक्षता को मिलाना चाहते हैं।

इतिहास की भौतिकवादी व्याख्या

कार्ल मार्क्स के इतिहास सम्बन्धी दृष्टिकोण के अनुसार, मनुष्य विभिन्न युगों से होकर गुजरा है। यद्यपि चाहे वह जान-बूझकर ऊपर न उठा हो या चाहे उसका उत्थान अबाध न रहा हो, लेकिन इतिहास में कोई ऐसी शक्ति अवश्य रही है जो मनुष्य को धीरे-धीरे पुराने आदि-युग या पिछड़ी स्थिति से उठाकर वर्तमान स्थिति में ले आई है। यह किस प्रकार हुआ है, इसका बहुत स्पष्ट रूप में वर्णन किया जा चुका है और कोई भी मार्क्स पर अस्पष्टता का आरोप नहीं लगा सकता। मुख्य रूप से मनुष्य चार युगों से होकर गुजरा है; आदि साम्यवादी, दास-युग जब कठोरतम निरंकुशता थी, सामन्ती-युग, और अब पूँजीवादी-युग से होकर गुजर रहा है। पहले युग को चर्चा के बिना ही छोड़ा जा सकता है, क्योंकि यह इतिहास के पहले का है। अन्य सभी युगों में इतिहास की एक सतत गति रही है, इतिहास का एक निगम रहा है जो पैदावार के विकास के तरीकों से बना है। पैदावार के इन सभी भिन्न-भिन्न तरीकों व ढंगों में एक ओर पैदावार की शक्तियों और दूसरी ओर पैदावार के

सम्बन्धों में, औजारों और उनके प्रयोगों के ढंग और मिल्कियत (अधिकार) के रिश्तों में सतत संघर्ष होता रहा है। ये दो फिरके—'पैदावार की शक्तियों' और 'पैदावार के सम्बन्ध' मार्क्स के इतिहास सम्बन्धी दृष्टिकोण के सबसे महत्त्वपूर्ण पहलू हैं। उनके आपसी टकराव ही वर्ग-संघर्ष को जन्म देते हैं। मार्क्स कहता है कि आज तक का समस्त मानव-इतिहास वर्ग-संघर्ष का ही इतिहास रहा है।

यह संघर्ष मानव के समस्त इतिहास में चलता रहा है और उसके भिन्न-भिन्न रूप रहे हैं। सामन्ती-युग का वर्ग-संघर्ष, पूँजीवाद-युग के वर्ग-संघर्ष से भिन्न रहा है। लेकिन इन भिन्न-भिन्न युगों में विभिन्न वर्ग होते हैं यह निश्चित है और उनमें टकराव भी होता है, इसमें भी कोई शंका नहीं। संघर्ष का लक्ष्य होता है पैदावार की शक्तियों और साधनों को मुक्त करना जो तत्कालीन सभ्यता में प्रचलित मिल्कियत के विशेष ढाँचे के कारण दबे रहते हैं। सामन्तवाद भूस्वामित्व की मिल्कियत लादती है और पैदावार को एक निश्चित सीमा से आगे नहीं बढ़ने देती और इस युग का सम्बन्धित वर्ग उठकर उस व्यवस्था को तोड़ता है। उसी तरह पूँजीवादी-युग में भी, मिल्कियत के नियम और उसके लाभ भी औद्योगीकरण के तरीकों, उद्योग व कृषि में विज्ञान के समावेश का पूर्ण उपयोग पूरी तरह नहीं होने देते। पैदावार की शक्तियाँ कुंठित व बन्दी रहती हैं जब तक कि श्रमिक वर्ग काफी शक्तिशाली और संगठित नहीं हो जाता कि वह मिल्कियत के रिश्तों को तोड़े और उन्हें मुक्त करे। मनुष्य के दिमाग और उसके ढंग से इसका कोई विशेष मतलब नहीं। समाज में यह अपने-आप ही होता रहता है। मनुष्य इसकी कामना करता है, क्योंकि ऐसी शक्तियाँ हैं जो उसे ऐसा करने को विवश करती हैं। इतिहास का समस्त विकास पैदावार के तरीकों के घेरों में बन्दी कर दिया गया है, जिसमें दोनों शक्तियों—पैदावार की शक्ति और पैदावार के सम्बन्ध, आपस में लड़ती रहती हैं।

केवल यूरोप का ही नहीं, बल्कि समस्त दुनिया का मानव इतिहास इन तीन या चार युगों में बाँटा जा सकता है, इसमें गम्भीर शंका है। यह सिद्ध

करने के लिए कि दास-युग में भारत में भी निरंकुशता थी, तथ्यों को बहुत अधिक तोड़ना-मरोड़ना पड़ेगा। पुनः तथ्यों को तोड़ना-मरोड़ना पड़ेगा, यह सिद्ध करने के लिए कि किसी विशेष कालखंड में समस्त दुनिया में सामन्ती सभ्यता थी; चाहे विभिन्न क्षेत्रों के लिए समय की अवधि का कितना भी अन्तर क्यों न मान लिया जाए।

मानव इतिहास को इन तीन या चार सधर्मी युगों में बाँटने के लिए तथ्यों व वास्तविकताओं को जिस प्रकार तोड़ना-मरोड़ना पड़ेगा; उसके अलावा मार्क्स द्वारा निरूपित इतिहास के सिद्धान्तों की प्रयोगात्मक जाँच, उसकी भविष्यवाणियों और यथार्थ घटनाओं से की जा सकती है। वर्ग-संघर्ष के सिद्धान्त के अनुसार पूँजीवाद स्वयं ही अपने नाश करने वालों को जन्म देता है। अपनी बढ़ोतरी और विकास में, एक ओर तो पूँजीवाद अपनी पूँजी को केन्द्रित करता है और दूसरी ओर श्रम का समाजीकरण करता है, एक ओर तो बड़े-बड़े पूँजीपति होते हैं, अर्थतंत्र पर जिनकी मिल्कियत और अधिकार बढ़ते जाते हैं और दूसरी ओर विशाल संख्या में मजदूर संगठित होते हैं, न केवल अपनी स्वेच्छा से बल्कि मुख्यतः इस कारण कि केन्द्रित पूँजी से बड़े कारखाने खुलते हैं जहाँ हजारों मजदूरों को एक साथ ही स्थान पर काम करना होता है। और साथ ही मजदूरों का शोषण भी बढ़ता है और अनिवार्य रूप से उनकी गरीबी भी बढ़ती है। पूँजी का यह केन्द्रीकरण और मजदूरों का समाजीकरण साथ-साथ चलता जाता है, जब तक कि मजदूरों का समाजीकरण इतना पर्याप्त नहीं हो जाता कि वे आर्थिक ढाँचे पर पूँजीपतियों का शिकंजा तोड़ दें, जब तक पूँजीपति-मजदूर का रिश्ता समाप्त नहीं होता, एक साम्यवादी या समाजवादी व्यवस्था स्थापित नहीं होती और विज्ञान को उद्योग और कृषि में उपयोगी भूमिका के लिए पूर्ण मुक्ति नहीं मिल जाती। क्या निकट से परीक्षण करने पर यह सिद्धान्त टिका रह जाता है?

पूँजी का बेशक केन्द्रीकरण हुआ है, लेकिन श्रम के समाजीकरण और सर्वहारा वर्ग में बढ़ती दरिद्रता का क्या हुआ? मार्क्स द्वारा निरूपित सभ्यता के उस लौह-नियम का क्या हुआ कि वर्ग-संघर्ष इस प्रकार होगा कि पूँजीवादी

दुनिया के महान स्वामी ही समाजवादी दुनिया का प्रारम्भ करने वाले उसे जन्म देने वाले होंगे? यदि मार्क्स और एंजिल्स के उद्धरण प्रस्तुत किए जा सकते हैं, यह सिद्ध करने को कि एक या दो स्थानों पर उन्होंने रूस में क्रान्ति सम्भावनाओं को स्वीकारा है, तो अधिकांश समय वे जर्मनी और इंग्लैंड में ही क्रान्ति की भविष्यवाणियाँ करते रहे और इधर-उधर से उदाहरणों का कोई विशेष महत्त्व नहीं! ऐसे प्रयत्न केवल शास्त्रीय हैं क्योंकि इन लोगों ने इतनी अधिक मात्रा में लिखा है कि उसमें से अनेक प्रकार के उदाहरण दिये जा सकते हैं। और किसी भी दशा में, मार्क्स की साम्यवादी क्रान्तियों के कार्यक्रम की सूची में चीन का स्थान कभी नहीं था। अत: अब इधर-उधर के फुटकर उदाहरणों की खोज बन्द हो गई है और साथ ही अनिवार्य रूप से सभ्यताओं के मार्क्सवादी नियम की सैद्धान्तिक बहस भी। मूल प्रश्न यह है कि पूँजीवादी-युग से समाजवादी-युग में मानव-जाति के विकास का क्या नियम बताया गया था। इधर-उधर की कुछ फुटकर भविष्यवाणियाँ सच हुई हैं या नहीं इसे हम यों ही अनदेखे ही छोड़ सकते हैं; नियम साफ-साफ हमारे सामने है और उसी की जाँच होनी चाहिए। नियम कहता है कि पूँजीवादी विकास जब बहुत आगे बढ़ जाएगा, तब वर्ग-संघर्ष भी अत्यधिक बढ़ जाएगा। अधिक विकसित पूँजीवादी देशों के मजदूर इतने संगठित हो जाएँगे कि वे पूँजीवाद का नाश करके साम्यवादी या समाजवादी सभ्यता स्थापित करेंगे।

आज का मार्क्सवादी कह सकता है कि मजदूरों का समाजीकरण तो पूँजीवाद के विकसित देशों में हुआ और गरीबी बढ़ी है एशिया या अफ्रीका के पिछड़े हुए देशों में। मार्क्स ने स्वयं ही इन दोनों के मिले-जुले विकास को पहले ही देख लिया था। उसका सोचना था कि इस मिले-जुले विकास से पूँजीवादी व्यवस्था टूटेगी। आज का मार्क्सवादी कह सकता है कि टूटने का यह क्रम कुछ रुक गया है, क्योंकि भारत, मलाया, ब्रह्मा और अफ्रीका जैसे देशों में लोगों की गरीबी बराबर बढ़ती गई है वहीं इंग्लैंड, जर्मनी, अमरीका और अन्य ऐसे देशों में मजदूरों को बड़े कारखानों में प्रवेश मिला और उनके

समूह का समाजीकरण तो अवश्य हुआ लेकिन उनकी मजदूरी भी बढ़ी। पश्चिमी यूरोप और अन्य देशों में मजदूरों के समाजीकरण और भारत तथा अन्य देशों में गरीबी की बढ़ोतरी इस बँटवारे के कारण जिस रूप में नियम निरूपित किया गया था, उस रूप में लागू नहीं हुआ। फिर नियम तो समाप्त हो गया। यदि यह कहा जाए कि पराधीन देशों या हाल ही में स्वतंत्र हुए देशों में लोगों की गरीबी बढ़ने के कारण; इन्हीं क्षेत्रों में क्रान्ति होने की सम्भावना है तो सारा ढाँचा गिर पड़ता है। फिर यह कहना सम्भव नहीं कि मिल्कियत के सम्बन्ध बदलने से पैदावार की शक्तियाँ अपने-आप मुक्त हो जाएँगी जिससे दुनिया में समृद्धि होगी। इस दृष्टिकोण के अनुसार क्रान्ति उन्हीं क्षेत्रों में होगी जहाँ पैदावार की शक्तियाँ सामन्तशाही के बहुत आगे नहीं बढ़ी हैं या जहाँ ह्रास हुआ है। फलस्वरूप नई सभ्यता के गले में जन्म से खूँटा बँधा रहेगा।

लेकिन इतिहास की भौतिकवादी व्याख्या; नई सभ्यता को उन क्षेत्रों में शुरू होने का अवसर देती है जहाँ पूँजीवाद विकसित है; ताकि मिल्कियत के पूँजीवादी सम्बन्धों के साथ विकसित पूँजीवाद के कारखानों, मशीनों और वैज्ञानिक खेती का इस्तेमाल दुनिया को समृद्ध बनाने के लिए किया जा सके। इस दृष्टि से जल्दी ही आने वाले स्वर्ण-युग की बात सोची जा सकती थी। यदि केवल पैदावार के सम्बन्ध ही मनुष्य की प्रगति को रोक रहे होते तो वर्ग-संघर्ष उन्हें खतम करके एक ऐसे समाज की स्थापना करता जो समाजवादी उत्पादन के आधार पर अपने को सामूहिक रूप से संगठित करता और सारी उपलब्ध मशीनों और खेती का पूरा इस्तेमाल करता। लेकिन जल्दी ही आने वाले इस स्वर्ण-युग की खूबसूरत तसवीर में झूठे रंग भरे गए थे, क्योंकि मौजूदा सभ्यता के शासक देशों से आशा की गई थी कि वे नई सभ्यता को शुरू करने और जन्म देने वाले होंगे। शायद यही सूत्र है कि यह नियम कैसे निरूपित किया गया है। हर व्यक्ति अपने युग और क्षेत्र की सफलताओं को बनाए रखना चाहता है और पश्चिमी यूरोप ने निश्चय ही बहुत कुछ अर्जित किया है। उसकी सभ्यता में कम-से-कम कुछ दिशाओं में अनन्त प्रगति की

ओर इशारा किया है जो मनुष्य द्वारा इससे पहले किसी भी देश या काल में प्राप्त सफलताओं से अधिक महान और शक्तिशाली है। और यदि यूरोप का दिमाग इतिहास के विशेष युग से चिपका हुआ रहना चाहता है या ऐसा कोई विशाल सिद्धान्त निरूपित करना चाहता है कि यूरोप सदा इस चोटी पर बना रहे और सारी दुनिया को अपने अनुसार बनाने का अमर यश भी प्राप्त करे, तो इसके लिए किसी को दोषी नहीं ठहराना चाहिए।

इतिहास के मार्क्सवादी दृष्टिकोण की हेगेल के दृष्टिकोण से तुलना करने पर दोनों एक दूसरे के नितान्त विरोधी मालूम पड़ते हैं। अपने दृष्टिकोण और विवेचना में दोनों एक दूसरे के विरुद्ध रखे जा सकते हैं, क्योंकि जहाँ मार्क्स ने पैदावार के तरीके को इतिहास की शक्ति का कारण माना है, वहीं हेगेल ने मनुष्य आत्मा को। लेकिन दोनों के मूल-परिणाम एक ही हैं। हेगेल के अनुसार इतिहास आजादी का क्रमिक विस्तार है जो आदिम समाज से प्रारम्भ होकर क्रमशः प्रशा के राज्य तक आया, जो उसकी सम्मति में मानव की सफलता की अन्तिम और सबसे ऊँची चोटी थी। आजादी के इस क्रमिक विस्तार को उसने 'कुछ की आजादी' से 'बहुतों की आजादी' और फिर 'सबकी आजादी' कहा। 'कुछ की आजादी' से 'सबकी आजादी' के विकास और प्राचीन साम्यवाद से सामन्तशाही और पूँजीवाद लोकतंत्र में होकर सामाजिक लोकतंत्र या साम्यवाद में विकास के दो सिद्धान्त एक ही ढंग के हैं। हेगेल के अनुसार, यह 'सबकी आजादी' मनुष्य की आत्मा में मूर्त थी और जिस राजनीतिक समाज में यह 'पूर्ण' प्रकट हुआ था, वह आधुनिक प्रशा राज्य की पूर्णता थी। मार्क्स के अनुसार हेगेल का यह 'पूर्ण' जर्मनी और इंग्लैंड और शायद कुछ हद तक फ्रांस की पूर्णता में प्रकट हुआ था, क्योंकि ये यूरोप के विकसित पूँजीवादी देश थे, जहाँ वर्ग-संघर्ष की गत्यात्मक शक्ति, जो इतिहास की मार्क्सवादी आत्मा है, पूँजीवाद का नाश करके नई समाजवादी सभ्यता को जन्म देगी।

वर्तमान सभ्यता के नेताओं को नई सभ्यता के जन्मदाता कहलाने का सौभाग्य नहीं मिलेगा। ऐसा इतिहास में नहीं हुआ है। लेकिन केवल इतना ही

प्रमाण हो ऐसा भी नहीं है। मूलरूप से यह असम्भव मालूम पड़ता है क्योंकि हर सभ्यता में कुछ पैदावार के तरीके, कुछ सोचने के ढंग, कुछ विशेष क्रम, मजबूती से जमे रहते हैं। मनुष्य चाहे जितनी अच्छी तरह भी समझ ले कि पैदावार के ये ढंग और सोचने के ये ढंग नई-नई स्थिति का सामना नहीं कर सकते; लेकिन ये इतनी मजबूती से जमे रहते हैं कि मनुष्य इन्हें बदल नहीं पाता। उसका समस्त ढाँचा उन पर खड़ा रहता है और मनुष्य की बुद्धि में संशोधन करने और बदलने की शक्ति चाहे जितनी भी क्यों न मान ली जाए, यह मानना उचित नहीं मालूम पड़ता है कि कुछ लोग तो एक विशेष सभ्यता के अगुवा रहे हैं और उनके तरीकों में रम गए हैं। उनमें फिर इतना अधिक लचीलापन आएगा कि वे इन तरीकों को छोड़ सकें और नए तरीके अपना सकें जिनमें नई स्थिति का सामना करने की अधिक क्षमता हो।

इसका यह तात्पर्य नहीं कि मनुष्य के जीवन में वर्ग-संघर्ष नहीं चलता रहा है। समस्त इतिहास में वर्गों के बीच संघर्ष चलता रहा है और अब हमको समझना चाहिए कि वह वास्तव में किस प्रकार चलता रहा है। इतिहास के विद्यार्थी को दिल की पसन्द और नापसन्द से और देशभक्ति की इस भावना से कि वह अपने देश और युग की सफलता को कायम रखे, कोई मतलब नहीं रखना चाहिए। इस वर्ग-संघर्ष का क्या रूप और क्रम रहा है, इसे निष्पक्ष होकर देखना चाहिए। सभी युगों में आन्तरिक असमानता रही है और यह उन वर्गों के माध्यम से प्रकट होती रही है जो आपस में संघर्ष करते रहे हैं, इसमें कोई शंका नहीं। वस्तुतः वर्गों का आन्तरिक संघर्ष राष्ट्रों के बाहरी संघर्ष के साथ-साथ चलता रहा है। अर्नाल्ड टायनबी ने बराबर इन दो बातों, अन्दरूनी संघर्ष और बाहरी संघर्ष की चर्चा की है। और उसकी राय में अन्दरूनी और बाहरी संघर्ष के दोहरे दबाव में, अन्दरूनी संघर्ष वर्गों के बीच और बाहरी संघर्ष राष्ट्रों के बीच, सभ्यता टूटती या सड़ती है। मार्क्स ने अन्दरूनी सर्वहारा और बाहरी सर्वहारा के इस फर्क की ओर काफी ध्यान नहीं दिया। यदि वे देते तो अन्दरूनी सर्वहारा के समाजीकरण की बात कहते और बाहरी सर्वहारा की बढ़ती हुई गरीबी की।

किसी विचारधारा की फलदायक परख उसके आन्तरिक तर्क से की जा सकती है। इतिहास की भौतिकवादी व्याख्या का सारा ढाँचा पैदावार की बढ़ती हुई शक्तियों और पैदावार के स्थिर सम्बन्धों के संघर्ष के आन्तरिक तर्क पर खड़ा है। वास्तव में यह तर्क अपने-आप में पूरा, निश्चित और संगत है। यूरोप वालों ने चाहे प्रयोगात्मक जाँच के बाद इसका परित्याग कर दिया हो, पर एक विशेष ढंग के एशियाई दिमाग को अब भी इस सिद्धान्त का अंडे से मुर्गी के समान समाज का स्वतः संचालन बहुत प्रिय है। समाज स्वयं गतिशील है। और भौतिकवादी व्याख्या में इस गति की कुंजी है। कुंजी है बढ़ती हुई शक्तियों और जकड़े हुए सम्बन्धों, शोषितों और मालिकों के संघर्ष में। कुंजी इतनी सरल है और सृष्टि के भेद का पता इससे इतनी अच्छी तरह लगता मालूम होता है कि यह बहुत ही आकर्षक मालूम पड़ती है। लेकिन वह कौन सा अँधेरा कमरा है जिसमें इसकी रोशनी पड़ती है? इससे केवल इतना मालूम पड़ता है कि इतिहास, इतिहास नहीं है और इतिहास की गति की ऊँचाइयाँ, और शायद नीचाइयाँ भी, हमेशा ऐसी ही रही होंगी और भविष्य में भी ऐसी ही रहेंगी। आज समस्त संसार में विकसित शक्तियों और स्थिर सम्बन्धों की एक विशेष स्थिति है। इस स्थिति ने यूरोप और अमरीका को इतिहास की चोटी पर रख दिया है और बाकी दुनिया को नीचे गढ़े में। मार्क्सवादी नियम को शक्तियों और सम्बन्धों के टकराव के फलस्वरूप होने वाले हर विस्फोट और हर क्रान्ति के पीछे असंगत ढंग से शरण नहीं लेनी चाहिए। यूरोप और अमरीका की शक्ति की वर्तमान स्थिति हमेशा ही रही होगी और पैदावार के ढंगों के स्वतः संचालन के अनुसार हमेशा ही रहेगी।

भौतिकवादी व्याख्या के साधारण नियम पर विचार करते हुए, विशेष संकटों को छोड़ देना होगा। अगर उन्हें अपवाद से अधिक कुछ माना गया, तो साधारण नियम समाप्त हो जाएगा। साधारण नियम के अनुसार पूँजीवादी समाज के स्वतः संचालन से पश्चिमी यूरोप और अमरीका में उसके सबसे अधिक विकसित क्षेत्र साम्यवादी समाज को जन्म दे सकेंगे। इसी तर्क से अगर

हम पीछे देखें तो ये ही क्षेत्र सामन्तशाही और उसके पहले के युगों के भी नेता रहे होंगे। अगर कुंजी का इतिहास के भविष्य के लिए प्रयोग हो सकता है तो भूतकाल के लिए भी प्रयोग हो सकना चाहिए। वास्तव में, वर्ग-संघर्ष और दास-युग, सामन्तशाही और पूँजीवादी से होकर समाज के स्वत: संचालन में राष्ट्रों का उत्थान-पतन का कोई इतिहास, जैसा हम उसे जानते हैं, नहीं होना चाहिए। इसके अतिरिक्त इतिहास की भौतिकवादी व्याख्या के अनुसार कोई भी समय, उदाहरण के लिए वह समय जब मिस्र या भारत इतिहास की चोटी पर थे, पहले और बाद में हमेशा कायम रहना चाहिए था। सारे इतिहास में संसार का एक ही चेहरा होना चाहिए था, जिसमें एक ओर सुनहरी मुस्कान होती और दूसरी ओर एक टपका हुआ आँसू। इतिहास के मार्क्सवादी तर्क का तीव्र विरोध करने के बावजूद, यूरोप के दिमाग ने उनकी ऐसी आन्तरिक परख नहीं की, वह महत्त्वपूर्ण है। आखिरकार मार्क्स की कोशिश एक ऐसी विशाल विचारधारा का निर्माण करना था जिससे मुस्कान हमेशा यूरोप के ही चेहरे पर नाचती रहे। यूरोप की आत्मा की यह एक अनुपम चेष्टा थी। यूरोप का कौन दिमाग यह चाहेगा, या कर सकेगा कि यूरोप के अमर यश की इस बड़ी ही आध्यात्मिक चेष्टा की जड़ उखाड़े। यूरोप के निकलने वाले अधिकांश आधुनिक सिद्धान्तों की तरह इतिहास की भौतिकवादी व्याख्या भी यथास्थिति की सेवा करने वाला एक सिद्धान्त है, कम-से-कम यथास्थिति के उस हिस्से का जिसमें यूरोप की महानता है। इतिपर द्वन्द्वात्मक भौतिकवादी जिस तरह लागू किया गया है, उसके आन्तरिक तर्क की इस जाँच से पता लगता है कि यह उतना ही आध्यात्मिक है जितना अद्वन्द्वात्मक और बिलकुल अऐतिहासिक है।

इतिहास में विषय और प्रवृत्ति

इतिहास का आर्थिक संचालन क्या नहीं सँभल पाता? वर्तमान शताब्दी में दो ऐतिहासिक कृतियों का सृजन हुआ है जो दोनों ही समान रूप से उच्च-स्तरीय हैं। चार्ल्स और मेरी वियर्ड ने आर्थिक संचालन के दृष्टिकोण से अमरीकी सभ्यता के उदय का बहुत ही दिलचस्प विवरण लिखा है। मीनेक ने भी आधुनिक युग के पीछे रूपान्तर के कारण का आत्मा के दृष्टिकोण से और दिमाग में भी जो कुछ चलता है की दृष्टि से एक ऐसा ही आकर्षक विवरण लिखा है। इन दोनों दृष्टिकोणों के बीच कोई निर्णय करना कठिनाई होगा, क्योंकि दोनों ही विवरण समान रूप से दिलचस्प और अधूरे हैं। इतिहास को समझने में उनकी बहुत बड़ी देन है पर अपर्याप्त है। एक अपर्याप्त दृष्टि से निश्चय ही गलतियाँ होती हैं। हरमन ओंकेन ने जिनसे बर्लिन विश्वविद्यालय के मुझ जैसे अनेक ने इतिहास के प्रति दिलचस्पी प्राप्त की, एक सदी की ब्रिटिश विदेशी नीति पर एक संक्षिप्त पर व्यापक विवरण लिखा है कि किस प्रकार वह भारत की फौजी सुरक्षा के केन्द्र-बिन्दु के चारों ओर चक्कर लगाती

हैं। यह कहना कठिन होगा कि उन्होंने किसी विशेष दृष्टिकोण से लिखा है, पर वे इतिहास के अव्यवस्थित घटनाओं के समूह से धारावाहिकता का तार खोजने में आश्चर्यजनक रूप से सफल हुए हैं। उनके कथनों में किसी हद तक अतिशयोक्ति हो सकती है और मूल प्रश्न का हो सकता है उनसे उत्तर न मिले, पर किस कथन से भला अन्तिम उत्तर मिल सका है! विषय और प्रवृत्ति, कम-से-कम जहाँ तक इतिहास का सम्बन्ध है, नकली ढंग से परस्पर विरोध बना दिये गए हैं। विषय को प्रवृत्ति और प्रवृत्ति को विषय में अनूदित हो सकना चाहिए और यह पारस्परिक अनुवाद सदा होता रहा है। लेकिन वास्तविकता और प्रतिमूर्ति के बीच अक्सर एक छाया आ जाती रही है। अनुवाद अशुद्ध रहा, क्योंकि या तो एक दूसरे की भाषा को गलत समझा है या अनुवाद ही गलत हुआ है।

यदि, ऐतिहासिक उद्देश्यों के लिए, विषय को समाज का संगठन और आर्थिक लक्ष्य कहा जाए और प्रवृत्ति को समाज की दिशा और साधारण लक्ष्य तो दोनों के बीच के रिश्ते को बुनियादी ढंग से गलत समझा गया है। रिश्ते के तीन सम्भव प्रकार हो सकते हैं, अधीन, स्वतंत्र और अन्योन्याश्रित, और वर्तमान सभ्यता ने केवल पहले दो प्रकारों की खोज की है। वे जो इतिहास बनाते हैं और वे जो इतिहास लिखते हैं, दोनों ही अधीन एवं स्वतंत्र के दृष्टिकोण को ही अपनाते हैं और कृतित्व तथा समझ की भूल हो जाती है। अधीनता का रिश्ता तब बनता है जब मान लिया जाता है कि एक तरह के लक्ष्य पूरे हो जाने पर दूसरे तरह के लक्ष्य भी अपने-आप प्राप्त हो जाएँगे। स्मिथ, मार्क्स जैसे इतिहास के समाजशास्त्रियों के अनुसार आर्थिक लक्ष्यों से अपने-आप साधारण लक्ष्य प्रकट हो जाएँगे और गांधीवाद समाजशास्त्रियों के अनुसार आर्थिक लक्ष्य अपने-आप साधारण लक्ष्यों से मिल जाएँगे। एक दूसरे से अपने-आप निकल आने के इस विश्वास से इतिहास बनाने और समझने दोनों में ही विकृति आई है। ऐसी दशा में विषय प्रवृत्ति का उलटा रूप हो जाता है और प्रवृत्ति विषय की उलटी छवि। यदि प्रवृत्ति विषय की भाषा न

समझे और उसके स्वत्व की ओर समुचित ध्यान न दे तो विषय अपना स्वयं अधिकतम कौशल खोजने का प्रयत्न करता है और ये उस प्रवृत्ति, उस दिशा में कुछ नहीं कर सकता। तब एक जिच पैदा हो जाती है। ऐसी स्थिति में, प्रवृत्ति विषय से बदला लेती है, और सारा सिलसिला उलट जाता है और नए रास्ते पर चलना शुरू करती है और एक बार फिर विषय की भाषा के प्रति नासमझी हो जाती है। साधारण लक्ष्यों के आर्थिक लक्ष्यों से या आर्थिक लक्ष्यों के साधारण लक्ष्यों से मेल बैठने को पूरी तरह असम्भव देखकर आधुनिक दिमाग अब एक दूसरे से स्वतंत्र मंजिलों की खोज में निकल पड़ा है। इतिहास के आधुनिक दर्शनों और विभिन्न उदारवादी या समाजवादी विचारधाराओं के राजनीतिज्ञों का यह विश्वास है कि बौद्धिकता और आध्यात्मिकता के मन्दिरों में अलग-अलग आराधना करने से वे समझ भी सकेंगे और निर्माण भी कर सकेंगे। लेकिन सचमुच ऐसा नहीं है, क्योंकि दोनों देवियों में एक दूसरे के प्रति बड़ा द्वेष है और उन्हें उनके अपने-अपने स्थानों पर रखना ही आवश्यक है। अन्यथा वे एक दूसरे के प्रभाव को नष्ट कर देती हैं। ऐतिहासिक जाँच और निर्माण का सही और प्रभावकारी ढंग का एक ऐसा औजार बनाना होगा जो प्रवृत्ति या साधारण लक्ष्यों और विषय या आर्थिक लक्ष्यों को एक अन्योन्याश्रित रिश्तों में जोड़ सके। तब दोनों को ही काट-छाँट कर सँवारना होगा, अपने वर्तमान और परम्परागत रूपों से निकालकर एक दूसरे के अनुरूप बनाना होगा। ऐसे एक औजार की आवश्यकता कम-से-कम कुछ लोग तो अनुभव कर रहे हैं और इसलिए उसे बनाने की कोशिश भी शुरू हो गई है। विषय और प्रवृत्ति की अन्योन्याश्रितता के ऐसे औजार से इतिहास को ज्यादा अच्छी तरह समझा जा सकेगा।

अभी तक प्रत्येक समाज या सभ्यता में संगठन और मशीनी-कौशल की एक विशेष दिशा की ओर बढ़ने का सुझाव रहा है। जब तक यह कौशल बढ़ता जाता है, इसके प्रति दो प्रकार की सम्भव आध्यात्मिक प्रतिक्रियाएँ हो सकती हैं। कुछ लोग इसे मूलरूप में ही अस्वीकार करते हैं, क्योंकि समाज

कैसा होना चाहिए, इस सम्बन्ध में उनके विचार बिलकुल इससे मेल नहीं खाते। उनका विरोध चाहे जितना भी शक्तिशाली हो, घटना-क्रम पर इस प्रतिक्रिया का प्रभाव नहीं के बराबर होता है। दूसरी प्रतिक्रिया होती है, एक दिशा में बढ़ते हुए इस कौशल को भूल से पूर्ण-कौशल समझ लेना और छोटी-छोटी बातों में कुछ बदलाव करके, या बिना बदले ही अपने को उसकी सेवा में लगा देना। जब कोई आंशिक कौशल को पूर्ण-कौशल समझकर उसी में अपने प्रयत्नों का लक्ष्य देखने लगते हैं तो जिस सभ्यता में वे रहते हैं, अच्छी तरह उसकी आन्तरिक परख करने की योग्यता उनमें नहीं रह जाती। व्यवस्था फिर अपनी जन्मजात दिशा में ही बढ़ती जाती है। अनिवार्य ही ऐसा समाज डिनोसार (प्राचीन विशालकाय पशु जाति जो बहुत पहले ही नष्ट हो गई) या अन्य ऐसे विशालकाय पशुओं की तरह बढ़ता है, जिनमें प्रकृति ने भी शायद एक दिशा में अधिकतम कौशल का प्रयोग किया था। जिस प्रकार ये डिनोसार या अन्य पशु अपने ही आरम्भिक बोझ से, या किसी दूसरी दिशा में अधिकतम कौशल अर्जित करने वाले अन्य पशुओं का सामना न कर पाने के कारण मर गए या पिछड़ गए, उसी तरह समाज या सभ्यता भी अपनी प्रारम्भिक दिशा में अधिकतम कौशल अर्जित करने की कोशिश करती है और फिर अपने ही बोझ या बाहरी दबावों के प्रभाव से नष्ट हो जाती है। जब तक कौशल बढ़ता रहता है, तब तक स्वास्थ्य, शक्ति और साधारण गति रहती है और समाज के भीतर आबादी के अलग-अलग वर्ग अपनी दशा सुधारने के लिए वर्ग-संघर्ष करते हैं और समाज के बाहर वे बाहरी दबावों का सामना करते हैं और कभी-कभी दूसरे समाजों से पोषण भी पाते हैं। जब अधिकतम कौशल की सीमा आ जाती है और जिच पैदा हो जाती है तो आन्तरिक वर्ग-संघर्ष असहनीय हो जाता है और उसे बाह्य रूप से न्यायपूर्ण वर्ण-व्यवस्था में बदलने की कोशिश की जाती है और दूसरे समाजों के संघर्ष से अधिकाधिक दुखदायी और शक्ति के बाहर होते जाते हैं। ऐसी दशा में उस सभ्यता का पिछड़ना या गिरना अनिवार्य हो जाता है। यदि ऐसे वर्ण बनाने के प्रयत्न सफल हो जाते हैं जिन्हें न्यायोचित

ठहराया जा सके तो पिछड़ना कुछ देर के लिए रुक जाता है। लेकिन अन्तिम परिणाम के बारे में कोई शंका नहीं रहती, क्योंकि वर्णों से सड़न पैदा होती है और बाहरी दबावों से बिखराव। ये दो बातें समाज के भीतर वर्गों तथा वर्णों में वर्गों में बदलना और बाहर राष्ट्रों की शक्ति का घटना-बढ़ना, अब तक ज्ञात सभी समाजों में रही है।

वर्ग और वर्ण

कुछ लोग सोच सकते हैं कि वर्ण केवल अद्‌भुत भारतीयता की ही विशेषता है। इस अर्थ में कि वर्ण-विभाजन बहुत ही अधिक दिनों तक टिका रह गया और उसमें कुछ विशेष विशिष्टताएँ आ गई हैं, यह भारत की एक अनोखी व्यवस्था है। लेकिन एक ऐसी व्यवस्था के रूप में जिसमें आबादी के विभिन्न वर्ग अपने उचित स्थान पर आ गए हों और एक दूसरे से अधिक झगड़ते न हों, सब जगह मिलती है। जन्मजात वर्गीकरण या धर्म द्वारा उसकी मान्यता वर्णों का आवश्यक गुण नहीं हैं। वर्ग से वर्ण की मित्रता उस स्थिरता से ही होती है जो वर्ग-सम्बन्धों में आ जाती है, कोई व्यक्ति अपने से ऊँचे वर्ग में नहीं जा सकता और कोई भी वर्ण अपनी सामाजिक स्थिति और आमदनी में ऊपर नहीं उठ सकता। अस्थिर वर्ण को वर्ग कहते हैं। स्थायी वर्ग वर्ण कहलाते हैं। हर समाज या सभ्यता में वर्ग से वर्ण और वर्ण से वर्ग का बदलाव हुआ है। यही बदलाव लगभग सभी आन्तरिक घटनाओं की जड़ में होता है। यह करीब-करीब हमेशा ही न्याय और बराबरी की माँगों से प्रेरित होता है लेकिन अब तक ये माँगें हमेशा ही भ्रष्ट हो जाती हैं।

प्राचीन रोम में, पैटीशियन और प्लीवियन लगभग हमेशा ही वर्ग-संघर्ष में व्यस्त रहे। जब भी रोम की शक्ति व आर्थिक ताकत बढ़ी, यह संघर्ष अपेक्षाकृत खुला खेल बन गया और वर्गों ने उत्थान के लिए संघर्ष किया। और जब कभी यह संघर्ष समाज के अस्तित्व के लिए असह्य हो उठा और बाहरी दबाव पड़े, न्याय और समता के नाम पर स्थायी और समझदारी की व्यवस्था के लिए माँग हुई। वर्ग से वर्ण और वर्ण से वर्ग के बदलाव के रोमन अनुभव अनेक स्थितियों से गुजरे। एक समय रोम में आर्थिक शक्ति पैदा करने के लिए वर्ण का एक औजार की तरह इस्तेमाल किया गया था। समाज में समता लाने के लिए अक्सर रोमन नागरिकों के लिए वर्ग-संघर्ष की प्रेरणा होता था। बाद में वर्ण आन्तरिक विघटन से बचाव और जो कुछ प्राप्त किया जा चुका था उसकी सुरक्षा का साधन बना। और बिलकुल अन्त में, न्याय की रक्षा किसी भी अर्जित वर्ण-व्यवस्था में सम्भव न हो सभी बदलाव, रोमनों द्वारा सीमित दिशा में कौशल प्राप्त करने के प्रयत्नों के साथ-साथ हुए। यह भी नहीं भूलना चाहिए कि रोमन लैटिफंडिया की तुलना आज के बड़े-से-बड़े सामुदायिक फार्मों (खेतों) से की जा सकती है ये लैटिफंडिया भी अपने ही बोझ और बाहरी दबावों के कारण मुरझा गए।

लगता है कि भारत वर्ण के विरुद्ध दो निश्चित आन्दोलनों से परिचित है। पहला आन्दोलन सम्भवत: लगभग 2600 वर्षों पूर्व आरम्भ हुआ और करीब पाँच शताब्दियों तक चलता रहा। इस युग के साहित्य से पता लगता है कि यह आलोचना और सुधार का आन्दोलन था। इसका परिणाम हुआ कि वर्णों में निश्चित ढिलाई आई और समाज में सामान्य हरकत भी हुई। गौतम बुद्ध को एक समय कर्जदारों और निम्न वर्ण के लोगों का उनके मालिकों की अनुमति बिना ही अपने संघ में प्रवेश रोकना पड़ा था। वर्णों से छुटकारे के साथ राजनीतिक शक्ति का बढ़ना और आर्थिक समृद्धि भी जुड़ी थी। देश के विभिन्न राज्यों में एकता की इच्छा जागी, चाहे यह एकता ढीली रही हो, जिससे आपसी लड़ाइयाँ बन्द हुईं और व्यापार में उन्नति हुई। कारीगर कई

गुनी संख्या में बढ़े, खेती-बारी में सुधार आया और राष्ट्रीय आय बढ़ी। उस समय के यूरोप से होने वाला एक बड़ा हमला निकट आने के पहले ही रोक दिया गया और भारत ने दूरस्थ राष्ट्रों में धार्मिक और सांस्कृतिक दूत भेजे। राजनीतिक कर वसूलना और दूसरों पर शासन करना उसके रक्त में नहीं था, लेकिन उस समय भारत का निश्चित रूप से दूर-दूर तक व्यापार चलता रहा होगा और व्यापार के लिए चीजों का उत्पादन भी होता रहा होगा। साथ ही विचार-प्रवाह में बौद्धिकता और सर्वव्यापी चेतना और दिलचस्पी भी थी। निश्चित रूप से वर्ण और वर्ग के विरुद्ध इस आन्दोलन के साथ ही समाज की आंशिक उन्नति चतुर्दिक हुई।

चार सौ वर्षों के बीतने के बाद भारतीय समाज की सृजनात्मक शक्तियाँ जागीं और फलस्वरूप वर्णों के विरुद्ध दूसरा आन्दोलन हुआ। उस काल का साहित्य बताता है कि यह आन्दोलन पूर्णतया निन्दा का था। हर दृष्टिकोण से और हर प्रकार से वर्ण की भर्त्सना की गई। वास्तविक व्यवहार में, यद्यपि पूरी तरह परित्याग सम्भव नहीं हुआ और कमोबेश समाज में पूर्वयुग की भाँति आंशिक कौशल और वर्गों में सामान्य हरकत दुहराई गई, हालाँकि अधिक विकसित रूप में।

इन दो वर्ग आन्दोलनों के बीच का सन्धि काल और वह दौर जो अब समाप्त होता मालूम पड़ता है, वर्ण आन्दोलन का प्रतिरूप ही था। तुलना की दृष्टि से पूर्व काल कुछ अधिक उदार और अस्थिर-सा लगता है, क्योंकि उस काल के सामाजिक धर्मग्रन्थों में समझौते की सम्भावना काफी स्पष्ट है और खान-पान तथा विवाह के तरीकों में वर्ण, अनुमति से, ऊपर-नीचे बढ़-घट सकते थे, यद्यपि उनके लिए बड़ी शर्तें लगी हुई थीं और अनुमति कठिनाई से मिलती थी। उस समय का भारतीय समाज विदेशी हमलों से कुछ कमजोर था यद्यपि उसकी दूसरों को रोकने तथा अपने में खपा लेने की शक्ति अभी समाप्त नहीं हुई थी। वर्ण का आखिरी आन्दोलन काफी लम्बी अवधि तक, 1200 वर्षों से अधिक काल तक चला। इस अवधि में वर्ण-व्यवस्था में पूरा जकड़ाव कमोबेश

पूरी तरह बना रहा। निर्गुण सत्य और सगुण सत्य के बीच एक अद्‌भुत अन्तर स्पष्ट करके शंकराचार्य ने आध्यात्मिकता की ऊँची उड़ान के साथ, कपटी सामाजिक व्यवस्था का मेल बैठाने के लिए एक दार्शनिक आधार दे दिया था। विदेशी हमलों और बढ़ती हुई दैन्यता का भारतीय समाज इस समय शिकार था और उसकी बढ़ने की शक्ति पूरी तरह नष्ट हो गई थी। वर्ण-व्यवस्था की इस रक्तहीनता और शंकराचार्य की महान भूल को दोष देने से कोई लाभ न होगा।

इन दोनों ही बुराइयों के मूल में था एक सीमित दिशा में अर्जित किया गया अधिकतम कौशल जिसके आगे भारत का समाज प्रगति नहीं कर सका और इस कारण अनिवार्य ही उसे दूसरे समाजों का शिकार होना पड़ा जो दूसरी दिशाओं में कौशल प्राप्त कर रहे थे। एक विशेष स्थिति में वर्ण और उसके साथ चलने वाले दिमाग ने गतिहीन समाज को बचाने में ढाल का काम लिया। यह ढाल बनाई जा सकी, यह उतनी ही अचरज की बात थी जितनी कि वह गन्दगी जिसे इसने ढका। यह कल्पना करना बेकार हो गया कि भारत के लिए यह बेहतर होता कि वह वर्ण और शंकराचार्य के साथ सड़ने के बजाय उनके बिना ही रहकर टूट जाता। फिर भी यह दौर अब समाप्त होता-सा लगता है। महात्मा गांधी के समय से भारतीय वर्णों की उच्च व निम्न श्रेणियों में एक सामान्य हरकत शुरू हो गई है और पूर्ण सामाजिक कौशल के लिए खोज की प्रवृत्ति भी। लेकिन यह भी कदापि नहीं भूल जाना चाहिए कि भक्ति या दर्शन की बुनियाद पर खड़े अनगिनत मानवतावादी सम्प्रदायों, जिनका दृष्टिकोण बहुत ही उदार था, वे ही इसके प्रारम्भिक प्रणेता थे।

इतिहास का दर्शन वर्ण से वर्ग और वर्ग से वर्ण के बदलाव की गति के क्रम और बदलाव की अवधि के समय की खोज कर सकता है। भारत में वर्ण और वर्ग के बीच हुए बदलाव का जो सामान्य सिद्धान्त है उसे विस्तृत रूप देने के लिए ऐतिहासिक सामग्री अभी बहुत अपर्याप्त है। भारत में प्रचलित एक विशेष वर्ण-व्यवस्था कैसे बनी, यह अपने-आप में ही बहुत अटकल लगाने का विषय है। वास्तव में इसने ऐसा मेल बैठा दिया कि जितनी लम्बी अवधि तक

वह लोगों को स्वीकृत रहकर टिक रही और जितनी अधिक निष्क्रियता समाज में फैली, दोनों ही बातें आश्चर्यजनक हैं। यह मेल तो और भी आश्चर्यजनक लगता है जब हम देखते हैं कि जितने विभिन्न रंग-रूपों के लोगों के बीच यह मेल बैठाया गया है; सबसे अधिक समानता रखने वाली मानवीय सभ्यता अब तक ऐसे प्रयत्नों से बचती ही रही है। लेकिन यह मेल धार्मिक और आध्यात्मिक स्तरों पर ही बैठाया गया और सामाजिक स्तर पर वर्ण-व्यवस्था की अन्तिम अवधि में विषमता अधिकाधिक बढ़ी है। न केवल अन्याय ही कई गुना बढ़ा, बल्कि कुछ विशेष वर्णों की पहचान, और शक्ल-सूरत की विशेषताएँ कुछ विशेष वर्णों के साथ जुड़ जाने से जो गरीबी और निष्क्रियता बढ़ने के साथ और भी बढ़ गई हैं, ने वर्णों के विनाश को और भी कठिन बना दिया है।

भारत की वर्ण-व्यवस्था ने इतने बड़े पैमाने पर एकता बनाए रखने की कोशिश की कि जाति, धर्म, भाषा, रंग और रूप, कोई भी बात उसे रोक न सकी। भारत की सीमाओं के भीतर मनुष्यों के बीच मेल बैठाने का यह जो अद्‌भुत व रोमांचक नाटक हुआ, सम्भवत: उसकी विख्यात सहिष्णुता और अपने-आप में ही भावनात्मक सन्तोष तथा साम्राज्यवाद से अरुचि की भावना का मूल भी इसी में निहित है। भारत में वर्ग और वर्ण के बीच बदलाव, उतार-चढ़ाव की कथा में कई हीरों की चमक दिखाई पड़ सकती है, परन्तु जो सबसे बड़ी विशेषता है उसे भी नहीं भूलना चाहिए। आन्तरिक वर्ण-निर्माण और बाह्य अध:पतन साथ-साथ चलता है, चाहे दोनों के बीच काल का जो भी अन्तर रहे। पूरे समाज का बढ़ता कौशल निश्चित रूप से विभिन्न वर्गों के भीतरी हरकत व उतार-चढ़ाव के साथ जुड़ा हुआ है।

अमरीका के सामाजिक ढाँचे को अक्सर गलत समझा गया है और देखने वाले चाहे वहाँ के निवासी हों या विदेशी, अमरीका में वर्ण-व्यवस्था के अस्तित्व से इनकार करते हैं। ऐसी गलती वर्ग और वर्ण के अन्तर में भूल करने से होती है। यूरोप के पुराने सामाजिक वर्गों से वर्ण का प्रभाव कभी भी पूरी तरह नहीं गया। यहाँ तक कि वर्गों के बहुत तेजी से ऊपर उठने के काल

में भी, यूरोप में लोकतांत्रिक व्यवहार और अन्तर्विवाह आसान व स्वाभाविक नहीं रहे। अमरीका में गोकि व्यक्ति और वर्ग बड़ी तेजी से ऊपर उठे और साथ ही लोकतांत्रिक व्यवहार, खान-पान और विवाह की आदतों तक इतना फैल गया है कि वर्गों का अस्तित्व बहुत हद तक उन लोगों की दृष्टि से छिप जाता है जो उसके व वर्णों के फर्क को नहीं समझते। बोस्टन ब्राह्मणों जैसे छोटे-छोटे समूहों और नीग्रो तथा गोरों के बीच के कबाइली फर्क को छोड़कर अमरीका में वर्ण नहीं है। लेकिन वर्ग हैं। आमदनी, शक्ति और स्थिति में इनमें एक दूसरे से अन्तर है। और इससे भी बढ़कर बात यह है कि वे अपनी शक्ति, स्थिति और आमदनी बढ़ाने के लिए संघर्ष भी करते हैं। जब तक समाज में असमानता दूर करने के लिए इस तरह का आन्तरिक आन्दोलन चलता रहता है, वर्ग विभाजन और उस पर आश्रित वर्ग-संघर्ष भी बना रहता है और यह वर्ग-संघर्ष वेतन में अपने-आप वृद्धि होने का कानून और वार्षिक वेतन-वृद्धि जैसी सफलताएँ प्राप्त कर चुका है और काम या बेकारी, हर दशा में न्यूनतम वार्षिक वेतन प्राप्त करने की कोशिश कर रहा है और यह वहाँ के मजदूर आन्दोलन के लिए प्रशंसा की बात है, लेकिन इससे भी बढ़कर वह अमरीका के आर्थिक ढाँचे को बढ़ा सकने की शक्ति के कारण है। किसी दिन, यद्यपि तकनीकी कौशल अपनी चरम सीमा पर पहुँच जाएगा और तब तक एक जिच पैदा हो जाएगी।

अलग-अलग क्षेत्रों में कौशल प्राप्त करने वाले अन्य समाजों में बाहरी दबाव के अलावा, आन्तरिक वर्ग-संघर्ष तब असह्य हो जाएँगे। तब अन्य सभी लोगों की तरह अमरीकी लोगों के सामने भी विघटन और वर्ण के बीच एक को चुनने का प्रश्न पैदा होगा, और यदि वे एक वर्ण-व्यवस्था प्राप्त करने में सफल भी हो जाएँगे तो विघटन का बहिष्कार केवल कुछ समय के लिए ही होगा। आज भी मजदूर संगठनों की बैठक किसी हद तक वर्ण बैठकों (पंचायतों) जैसी ही होती हैं और समस्त मजदूर वर्ग की जो एकता बनती है वह सभी कामगर वर्ग की नहीं, बल्कि एक विशेष उद्योग या शिल्प के कामगरों की

होती है। यह एकता अभी स्वाभाविक नहीं है और गाने तथा अन्य खटकने वाले तरीकों का उसे सहारा लेना पड़ता है। आज यह एकता गतिशीलता के लिए तेज हथियार-सी लगती है लेकिन उसे एक रक्षात्मक ढाल के रूप में परिवर्तित होने में अधिक देर न लगनी चाहिए। अमरीकी सामाजिक विचारधारा में भी, अपने यूरोपीय प्रतिच्छाया की तरह, 'सहमति के क्षेत्र', 'सहमति के क्षेत्रों की राजनीति से दूरी', 'सहयोगी और कर्मचारी समाज', 'काम की स्थिति' और इसी प्रकार के अस्पष्ट और वर्णमय विचार पैदा हो गए हैं। अपने समय पर ये उपयोगी हो सकते हैं। फिलहाल यह मान लेना होगा कि अमरीकी आर्थिक ढाँचे की जवानी, शक्ति और आक्रामकता का बहुत अच्छा जोड़ उस जवानी, शक्ति और आक्रामकता से है जिससे अमरीका के वर्ग, वर्णों से दूर हटे हैं और अपनी सफाई करके अपने को लगभग पूरी तरह मुक्त कर लिया है।

आधुनिक यूरोपीय इतिहास ने अपनी शक्ति की शान से सारी दुनिया पर राज किया है और साथ ही वह सात सौ वर्ष पहले के वर्णों से दूर हटने का आन्दोलन भी रहा है। अपने मालिकों के साथ जुड़े-बँधे अर्द्धदासों का स्थान स्वतंत्र किसानों और किराए के खेतिहर मजदूरों ने ले लिया है। कारीगरों के वर्गों या समाज जिनमें काम सीखने और भर्ती होने के वर्ण-नियम थे, धीरे-धीरे टूट गए। उनका स्थान औद्योगिक कारखानों और उनके उठते-गिरते स्तर के मजदूरों ने ले लिया। निःशुल्क शिक्षा या छात्रवृत्तियों के नियम के कारण पूरी आबादी से प्रतिभा पेशेवर वर्गों में चली गई। लोकतंत्र के फलस्वरूप, राजनीति शक्ति अपने पूर्व स्थलों से हटकर एक हद तक साधारण लोगों के दलों और मजदूर संगठनों आदि में आ गई। मानसिक स्तर पर विज्ञान ने बराबर प्रकृति के रहस्य व भेद छीने, लेकिन अक्सर ऐसा भी हुआ कि जहाँ रोशनी का होना समझा जाता था वहाँ अँधेरा निकला। अधिकांश में व्यवस्थित विचारधारा की बुनियाद बुद्धिवान बन गया और यूरोप के आदमी ने पूर्व कालों में अनजान एक सामाजिक प्रतिष्ठा प्राप्त कर ली। लेकिन अब यूरोप का दुनिया में शानदार अभियान समाप्त हो गया है, उसकी शक्ति की शान कम-से-कम झुकी जरूर

है। तकनीकी विकास एक रुकावट के बिन्दु पर पहुँच रहा है और युद्ध की तैयारियों का बोझ इतना बढ़ता जा रहा है कि रहन-सहन का स्तर उठना कठिन हो गया है। वर्गों के बीच का संघर्ष असह्य और निरर्थक होता जा रहा है। लोग इच्छित समानता के स्थान पर आए बिखराव का खतरा उठाने के बजाय न्याय के स्थायित्व के प्रति ललचा रहे हैं। यूरोप का अधिकांश बड़ा भाग एक स्थिर सामाजिक व्यवस्था बनाना चाहता है जो धार्मिक बुद्धि-बल पर आधारित हो जिसमें हर व्यक्ति अपनी प्रतिष्ठा और निश्चित आमदनी पा सके, जहाँ कोई विवाद या झगड़ा न हो।

बहुत हाल में यूरोप ने ऐसे दो आन्दोलनों को जन्म दिया है, जर्मनी में हिटलर का आन्दोलन और रूस में साम्यवादी आन्दोलन। ये दोनों आन्दोलन साधारणतया एक दूसरे के विरोधी समझे गए हैं। वास्तव में वे ऐसे ही रहे भी हैं। लेकिन मेरे विचार में इन दोनों ही आन्दोलनों के पीछे एक ही भावना रही है, जहाँ तक वर्ग के बीच संघर्ष असह्य हो गया और हड़तालें तेजी से बढ़ती गईं, जब सशस्त्र सेना, उद्योग, स्वतंत्र पेशों, विद्यार्थियों, मजदूरों, किसानों में आपसी रिश्ते बहुत तनावपूर्ण हो गए और जब वर्ण-व्यवस्था और सरकार का शान्तिपूर्वक चलना असम्भव हो गया, राष्ट्रीय समाजवादी आन्दोलन आगे आया कि एक वर्ग-व्यवस्था का निर्माण हो सके जिसमें विभिन्न वर्ग एक नई व बौद्धिक नीति द्वारा आपस में मिले-जुले बन सकें और हर हालत में यह नीति व व्यवस्था उस समय जर्मनों को समझदारी की मालूम पड़ी। एक बुनियादी आवश्यकता इस बात की होती है कि यह व्यवस्था निश्चित रूप से उस समय के लोगों को अच्छी लगे और लड़ने वाले वर्ग मानसिक रूप से उसे योग्यतम मान लें, ताकि उनका संघर्ष समाप्त हो। जब जर्मनी में वर्गों के बीच यह संघर्ष असह्य हो उठा और जर्मन समाज को आन्तरिक बिखराव का खतरा दिखा तो राष्ट्रीय सोशलिस्ट आन्दोलन ने अलग-अलग वर्गों की सानुपातिक और निश्चित आमदनी और समाज में उनका निश्चित स्थान तय करके उन्हें वर्णों का रूप देने का प्रयत्न किया। उसने अलग-अलग

वर्गों में ऐसा आपसी मेल-जोल बैठाकर दिखाया कि जिससे जीवन में एक अर्थ और उद्देश्य आ गया दिखाई पड़ने लगा, यद्यपि इस उद्देश्य में कोई शाश्वत और धार्मिक गुण न था और संकुचित रूप में राष्ट्रीय था। वास्तव में यह एक वर्ण आन्दोलन था। यूरोप में वर्ग-संघर्ष शायद इस ढंग से पनपा है, एक ऐसी सभ्यता के भीतर अपना स्थान बना चुका है जो आन्तरिक ढंग से समतामूलक है और बाह्यरूप में साम्राज्यवादी है और वर्ण-व्यवस्था अब किसी प्रकार सम्भव नहीं है। कुछ भी हो, पर जर्मनी ने इसके लिए प्रयत्न किया और असफल रहा।

रूसी प्रयत्न भी वर्ण-व्यवस्था की स्थापना का ही प्रयत्न है, यद्यपि साम्यवादी सिद्धान्त का ऊपरी असर लेने वाले लोगों के लिए यह स्वीकार करना कठिन होगा। वे सोच सकते हैं कि यह तो वर्गों को समाप्त करने का प्रयत्न है। अधिकांश में यह इस पर निर्भर करता है कि रूस के सम्बन्ध में जो प्रमाण मिलते हैं उन्हें कोई किस तरह देखता-परखता है। नाजी लोग कह सकते थे कि समाज का वे जैसा समाजवादी गठन करने का प्रयत्न कर रहे थे और जर्मनी में जैसी सामूहिक व्यवस्था बनाने का उन्होंने प्रयत्न किया था, उसमें भी तो वर्गों को समाप्त कर दिया था। क्या उद्योगपतियों की आमदनी निश्चित नहीं कर दी गई थी? वे अपने मुनाफे में से 5 या 6 प्रतिशत से अधिक नहीं ले सकते थे। उनकी शक्ति और प्रतिष्ठा कम कर दी गई थी। यदि यह प्रश्न है कि आदमी अपनी व्यवस्था के बारे में क्या कहते हैं तो रूसी साम्यवाद वास्तव में वर्गों की समाप्ति पर ही आधारित हैं। लेकिन यदि हमने मानव इतिहास का अध्ययन किया है तो यह सन्देह इतनी आसानी से टाला नहीं जा सकता कि जब भी किसी समाज के वर्गों का संघर्ष असहनीय हो उठा है तो उसने अपने अन्दर एक वर्ण-व्यवस्था बनाने का प्रयत्न किया है। इन वर्णों को अलग-अलग स्तरों पर रखा गया, यह भी निर्विवाद है। भारत में प्राचीन वर्ण-व्यवस्था में जो वर्ण सबसे ऊपरी स्तर पर रखा गया उनकी आमदनी सम्भवत: सबसे कम थी या कम-से-कम द्वितीय या तृतीय श्रेणी के वर्ण के

बराबर तो उसकी आमदनी नहीं ही थी। मानव इतिहास को ज्ञात है कि ऐसी व्यवस्थाएँ रही हैं कि प्रतिष्ठा में उच्चतम वर्ग आवश्यक नहीं कि सबसे धनी भी रहा हो। यह व्यवस्था कई स्तरों पर बनाई गई।

प्रतिष्ठा और आमदनी का अक्सर मेल नहीं बैठता और यदि कोई इस साम्यवादी नारे के बारे में सोचे—"हर व्यक्ति से उसकी शक्ति के अनुसार और हर व्यक्ति को उसकी आवश्यकता के अनुसार" तो ऐसे कथन भारत के प्राचीन ऋषियों की कृतियों में बहुतायत से मिल जाते हैं कि फिर मार्क्स भी तो आधुनिक ऋषि थे। यह मैं नहीं कह सकता कि इस कथन के अनुसार भारतीय वर्ण-व्यवस्था में कभी काम हुआ या नहीं। कम्युनिस्ट व्यवस्था में इस पर काम करने का प्रयत्न हो रहा है। यद्यपि, फिलहाल वर्तमान में, उनका कहना है कि एक दूसरी व्यवस्था कि 'हर व्यक्ति को उसके श्रम के अनुसार' के पक्ष में इसको अभी रोक दिया गया है। इसमें कोई अन्तर नहीं पड़ता कि कौन सा सिद्धान्त अपनाया गया है, लेकिन यह वास्तविकता है कि रूस में अलग-अलग ढंग के मजदूरों की अपनी स्थिति और आमदनी स्थिर कर दी गई है। उनके लिए यों सम्भव नहीं है कि इन सम्बन्धों स्थितियों को बदलने के लिए वे संघर्ष करें। इस बदलने में जो परिवर्तन हो सकता है वह ऊपर से होगा। और आगे, एक समय के बाद स्थिति का परिवर्तन सम्भव न होगा, जब तक कि कुल आमदनी न बढ़े और उसके आपसी अनुपात में कोई अन्तर न पड़े। यह भी हो सकता है कि वर्गों को ही समाप्त कर दे, बल्कि नए वर्ग बनाने के लिए जिनकी स्थिति और आमदनी स्थिर और निश्चित हो। यदि यूरोपीय इतिहास के हाल के इन दोनों आन्दोलनों—हिटलर और कम्युनिस्ट आन्दोलन—में यूरोप की पीड़ित और परेशान आत्मा की चेष्टाएँ हों कि वर्ण-व्यवस्था के न्याय के द्वारा आन्तरिक असंगतियों को समाप्त करे तो इससे किसी को आश्चर्य नहीं होना चाहिए। उन लोगों के लिए यह एक गम्भीर चेतावनी है जो वर्गों को समाप्त करने के लिए सचमुच बहुत उतावले हैं, लेकिन वर्गों को समाप्त करने के प्रयत्न में वे फिर से वर्ण-व्यवस्था को जन्म न दे दें।

रूस की वर्ण-सम्बन्धी व्यवस्था जर्मनी से कुछ भिन्न है। जर्मनी में वर्ण बनाने के प्रयत्न की आवश्यकता इसलिए पड़ी कि उन्हें असहनीय वर्ग-संघर्ष के विरुद्ध पूर्ण विकसित आर्थिक ढाँचे की रक्षा करनी थी। यह भी हो सकता है जर्मनी के आर्थिक ढाँचे को बाहरी पोषण की जो आवश्यकता थी वह भी इससे पूरी ही हो सकती थी। रूस में शायद वर्ण-व्यवस्था की आवश्यकता इसलिए पड़ी कि एक खेती-प्रधान देश को पूर्ण विकसित औद्योगिक देश बनना था, जो सशक्त वर्ण-संघर्ष की उपस्थिति में शायद सम्भव न था। इसे भी नहीं भूलना चाहिए कि रूस में जमीन और प्रसाधन के अनुपात में आबादी बहुत क्षीण है और इसलिए विकास की सम्भावनाएँ बहुत अधिक हैं। यदि इसे मान भी लिया जाए कि रूस अपने आर्थिक विकास में सफल होता है और उसके प्रयत्नों को बाहरी दबाव नष्ट नहीं कर देते तो भी रक्षात्मक वर्ण और रचनात्मक वर्ण का यह अन्तर इतना महत्त्वपूर्ण है या नहीं कि रूस बाद में वर्णों को वर्गों में बदल सके, यह कोई नहीं कह सकता। इसके अलावा कम्युनिस्ट रूस वर्ण-व्यवस्था की अन्य घृणित विशेषताओं के अलावा उसके सबसे बुरे गुण, अस्पृश्यता का भी प्रदर्शन कर रहा है। यदि भारत की पूरी आबादी के लगभग बीस फीसदी लोग अस्पृश्य या अछूत हैं तो रूस में सुधार और कारा कैम्पों में बन्द रूस के अछूत पाँच से दस फीसदी तक रहे हैं। रूस की यह अस्पृश्यता की भावना बाहरी तत्त्वों के मिलावट का परिणाम कभी नहीं रही, जैसा कि भारत में हुआ है। और उसका जो भी कारण रहा हो, वह कम-से-कम खर्च पर आर्थिक निर्माण के विशाल निर्दय लक्ष्य को तो पूरा करता ही है। देखने में रूसी व्यवस्था, भारतीय व्यवस्था से अधिक क्रूर तो मालूम पड़ती ही है, लेकिन यह अधिकांश भ्रम है, क्योंकि काल और धर्म ने भारत में इसकी तेज धार को भोथरा कर दिया है और पीड़ितों में भी वर्ण को स्वीकृति मिलने से उसकी क्रूरता को चारों ओर फैलाने से रोक दिया और साथ ही जिया भी दिया है।

एक भारतीय को वर्ग के जकड़ की वर्ण का रूप लेने की घटना से तो परिचित होना चाहिए। यह तो युगों से स्पष्ट रूप में दिखाई पड़ती रही है और

अब यूरोप में दिखाई पड़ने लगी है। यह दूसरी बात है कि यूरोप की आत्मा एक अलग वर्ण-व्यवस्था बना सकेगी या नहीं। इसके प्रयत्न असफल हो सकते हैं। निरन्तर तकनीकी क्रान्ति पर आधारित सभ्यता के लिए यह बहुत ही कठिन सिद्ध हो सकता है कि उसके लोगों में जिन्दगी की एक स्थिर व्यवस्था की आदत डाली जा सके। यदि घटते हुए कौशल और तकनीकी गतिरोध के कारण यूरोप वर्ण-व्यवस्था की ओर झुके भी तो समता के लिए किए जाने वाले संघर्षों की लम्बी परम्परा इतनी शक्तिशाली है कि उसे तोड़ा न जा सकेगा। लेकिन युद्ध करने की घटती हुई शक्ति दोनों ओर झुक सकती है, चाहे वर्ण-व्यवस्था में हल खोजने की ओर या वर्गों के बीच समानता के लिए बढ़ते हुए संघर्षों के बीच। तब यूरोपीय सभ्यता पिछड़ जाएगी, टूट जाएगी, या किसी अन्य अधिक शक्तिशाली सभ्यता द्वारा जीती जाएगी जब आन्तरिक संघर्ष असह्य हो उठता है तो वर्णों के प्रति झुकाव पैदा होता है और तब वर्ण-व्यवस्था की स्थापना को कभी भ्रमवश वर्गों का अन्त समझने की गलती नहीं करनी चाहिए। मैं वर्गों का अन्त देखने को उतना ही उत्सुक हूँ जितना कि कोई भी हो सकता है, लेकिन मुझे डर है कि वर्गों की समाप्ति की आड़ में सदा ही वर्णों का निर्माण किया गया है। अब तक समस्त मानवीय इतिहास वर्गों और वर्णों के बीच आन्तरिक बदलाव, वर्गों की जकड़ से वर्ण बनाने और वर्णों के ढीले पड़ने से वर्ग बनने का ही इतिहास रहा है।

वे लोग जो समाज के वर्गों और वर्णों का अन्त करना चाहते हैं उन्हें मानव इतिहास को चलाने वाली इस शक्ति को समझना होगा और समझकर ऐसे उपाय खोज निकालने होंगे कि दोनों का सचमुच अन्त किया जा सके। इतिहास अपने-आप यह न करेगा। ऐसी कोई स्वसंचलित गति नहीं है। भारत इतने समय तक वर्ण-व्यवस्था के फलस्वरूप तन्द्रा और सड़ने की स्थिति में रहा है कि उसकी नई प्राप्त शक्ति वर्णों को ढीला करके वर्णों में बदल रही है और आन्तरिक-असमानता को समाप्त करने का संघर्ष प्रारम्भ हो गया है। मैं अधिक-से-अधिक यही कह सकता हूँ कि कोई गलत विचार जैसे यूरोप

का पूँजीवाद या साम्यवादी विचार ज्यों-का-त्यों अपना लिया जाए तो वर्णों के ढीले पड़कर वर्ग बनने के इस क्रम को रोक लेगा। ऐसा यूरोपीय विचार, पूँजीवादी या साम्यवादी, अगर ज्यों-का-त्यों बिना इस तथ्य की जाँच किए ही अपना लिया गया कि वह किन परिस्थितियों में और कैसे पैदा हुआ तो वह हमारे युग में आ रही भारत की नई शक्ति की जड़ में ही चोट कर सकता है। एक वर्ण-व्यवस्था पैदा हो सकती है जिससे राजनीतिक दल, प्रबन्धक वर्ग और स्वतंत्र-पेशा वर्ग सभी अपने उच्चतम स्थानों पर स्थित किए जा सकें और बाकी बची आबादी निम्न स्तर के द्विज वर्णों में बँट जाए।

भौगोलिक परिवर्तन

वर्ग और वर्ण के बीच का आन्तरिक बदलाव, विशेष समाज या सभ्यता की सीमाओं के बाहर बदलावपूर्ण घटनाओं के साथ जुड़ा रहा है। क्योंकि वर्ग के इस संघर्ष के साथ-साथ राष्ट्रों के बीच भी संघर्ष चलता रहा है। शक्ति और समृद्धि हर युग में बराबर एक क्षेत्र से दूसरे में बदलती रही है। कोई भी सदा इतिहास की उच्चतम चोटी पर नहीं बैठा रहा है। भारत के लोग भी इतिहास की ऐसी उच्चतम चोटी पर बैठ चुके हैं। पिछले दो सौ वर्षों या अधिक से वे धूल में लोटे हैं। इन तीन सौ वर्षों के बीच यूरोप ने इतिहास की उच्चतम चोटी पर अधिकार कर रखा है। शक्ति और समृद्धि हमेशा एक से दूसरे क्षेत्र में बदलती रहती है। बाह्य रूप से, समस्त मानवीय इतिहास शक्ति और समृद्धि की दिशा में भौगोलिक परिवर्तन का इतिहास रहा है। यदि यूरोप पिछले तीन सौ वर्षों से महाद्वीपों में श्रेष्ठ या राजा रहा है तो भारत भी इतिहास में उस स्थान पर शायद दो बार और निश्चय ही एक बार तो अवश्य ही रहा है। यूनान, रोम, चीन, अरब भी रहे हैं। मैक्सिको भी इस उच्चतम चोटी पर बैठ चुका है। उत्थान और

पतन तो सभी सामाजिक वर्गों और सभ्यताओं की चारित्रिक विशेषता रही है। अभी तक तो इस क्रम में कोई व्यतिक्रम नहीं आया है।

अब तक का समस्त मानव इतिहास वर्ग और वर्ण के आन्तरिक बदलाव और शक्ति तथा समृद्धि के एक क्षेत्र से दूसरे में बाह्य परिवर्तन का इतिहास रहा है। जब बाह्य परिवर्तन और आन्तरिक बदलाव एक दूसरे से जुड़े हैं। जब एक ऐतिहासिक समूह, शक्ति और समृद्धि की दिशा में सफलता प्राप्त करता है तो वहाँ वर्ण ढीले पड़े हैं और आन्तरिक समता की प्रगति हुई है, वर्गों के बीच संघर्ष हुए हैं जो सीमा के बाहर तो नहीं होते पर फिर भी संघर्ष ही होते हैं। हर वर्ग अपनी स्थिति सुधारकर ऐसी स्थिति प्राप्त करना चाहता है जिसमें मनुष्य-मनुष्य के बीच समानता हो। समस्त समाज की स्थिति में गिरावट आने पर, वर्गों का संघर्ष ऐसा रूप धारण कर लेता है कि कोई भी न्यायपूर्ण व्यवस्था तत्कालीन टूट-फूट से अधिक समतामूलक दिखाई पड़ने लगती है। वर्णों की चाहे कोई न्यायपूर्ण व्यवस्था बन पावे या नहीं, किसी-न-किसी स्थिति में सड़ान आती ही है और समाज का एक-दो प्रयत्नों के बाद पतन आवश्यक हो जाता है। शक्ति और समृद्धि के बाह्य उत्थान से आन्तरिक समानता घटती है, जबकि बाह्य शक्ति धरने पर आन्तरिक असमानता बढ़ती है। एक वर्ण-व्यवस्था काम करना शुरू करती है।

किसी विशेष समय, सम्पूर्ण ऐतिहासिक परिस्थिति आन्तरिक रूप में वर्ग और वर्ण और बाह्य रूप में घटती या बढ़ती शक्ति से मिलकर बनती है। बाहर से देखने पर हर समाज का दूसरे समाज व सभ्यता के साथ अनुकूल या प्रतिकूल स्थायी सम्बन्ध होता है। भीतर से देखने पर वह सदा वर्गों और वर्णों के कठघरे में घूमता रहता है। इन दोनों, आन्तरिक और बाह्य गतियों की एक में जोड़ने वाली कड़ी का काम उसका संगठनात्मक और तकनीकी कौशल करता है। अब तक हर समाज में एक विशेष और सीमित दिशा में ही कौशल का विकास हुआ है, चाहे उसे इस बात का कितना भ्रम रहा हो कि वह पूर्ण कौशल का विकास कर रहा है। उसके कौशल की स्थिति पर

ही उसकी आन्तरिक और बाह्य गतियों का चरित्र निर्भर करता है। जब तक कि कोई समाज अधिकतम कौशल की ओर बढ़ता रहता है, और उसके कुछ समय बाद तक उसका बाहरी दुनिया से बढ़ती हुई शक्ति का सम्बन्ध होता है। ऐसी बढ़ती हुई शक्ति का यह अर्थ तो आवश्यक नहीं कि वह दूसरे समाजों से पोषण पाता है। लेकिन अधिकांश में ऐसा ही होता है। कम-से-कम विदेशियों को वह हमला करने के लोभ से दूर रखता है और यदि कोई हमला करने की मूर्खता करे भी तो उसका सामना करके उसे पीछे ढकलने की क्षमता उसमें होती है। अधिकतम कौशल प्राप्त करने के कुछ समय बाद हर सभ्यता अन्य समाजों के साथ अपने सम्बन्ध में गिरने लगती है। वह उनके लोभ का शिकार बनती है या बहुत कम अवसरों पर बहुत कुछ अलगाव में सड़ती रहती है। किसी भी दशा में वह आन्तरिक और बाहरी आवश्यकताओं को पूरा नहीं कर पाती। कौशल की दिशा एक बार निश्चित हो जाने पर कोई भी समाज फिर उसे बदल नहीं सका। अभी तक मानवी बुद्धि पूर्ण कौशल, या हर दिशा में कौशल की आवश्यकताओं को नहीं समझ सकी है।

अधिकतम कौशल प्राप्त कर लेने के कुछ समय बाद तक, समाज में गहरी हरकत होती रहती है और समानता के लिए लगातार माँग बढ़ती जाती है। यह माँग एक स्थिति में पूरी भी होती है। चतुर्दिक समानता वास्तव में अभी तक कभी प्राप्त नहीं हुई, न उन क्षेत्रों में ही पूरी समानता आ पाई है जिनमें किसी विकासशील सभ्यता ने समानता पाने का प्रयत्न किया। लेकिन बढ़ते हुए कौशल और उसके साथ बढ़ती हुई शक्ति और समृद्धि से विकासशील सभ्यता, उन्नत जीवन और अधिक समानता के आन्तरिक प्रयत्नों को एक हद तक सन्तुष्ट कर पाती है। यदि विभिन्न वर्गों की आमदनी और प्रतिष्ठा का अनुपात समानता की ओर नहीं बढ़ता तो भी एक निश्चित उन्नति तो होती ही है। उस उन्नति से समाज के भीतर आन्तरिक सामीप्य और समानता दिखाई पड़ती रहती है और जीवन की न्यूनतम आवश्यकताओं में जैसे भोजन और कपड़े, यह समानता बहुत हद तक सच्ची होती है। जब कौशल में ह्रास का

गतिरोध होने से समाज के भीतर विभिन्न वर्गों की प्रतिष्ठा और उनकी आमदनी में उन्नति सम्भव नहीं होती, तो समानता की माँग उच्च वर्गों से छीनकर निचले वर्ग को देने से ही पूरी हो सकती है। यह अतिक्रमण एक सीमा तक ही सम्भव है। यह किसी सभ्यता में अधिकतम आन्तरिक सामीप्य का युग हो सकता है। लेकिन इसकी सीमा जल्दी ही आ जाती है और तब वर्ग-संघर्ष विध्वंसकारी रूप धारण कर लेता है। इस अवसर पर अव्यवस्थित तारतम्य को फिर से जोड़ने की सतत चेष्टा की जाती है और उस समय का सबसे बड़ा आदर्श न्याय बन जाता है। न्याय की माँगों पर बल दिए बिना व्यवस्थित जीवन कठिन हो जाता है और असुरक्षा फैल जाती है। यदि किसी समाज में व्याप्त न्याय की भावना एक बुद्धिमत्तापूर्ण वर्ण-व्यवस्था बना पाती है जिसमें पूर्व प्रचलित समानता के विचार आदमी और प्रतिष्ठा की ऊँचाई पर जम जाते हैं तो वह सभ्यता और कुछ काल तक चली जाती है लेकिन ऐसे स्थायित्व के प्रारम्भ में ही निष्क्रियता का बीज वर्तमान रहता है। उस समय तक के लिए ऐसी प्रौढ़ सभ्यता का सड़ना या पिछड़ना अनिवार्य हो जाता है, जब तक कि वह कौशल की एक नई दिशा न खोज ले और उसकी रचनात्मक शक्तियाँ फिर न जग उठें।

वर्ग, समानता की चाह की अभिव्यक्ति है। वर्ण, न्याय की चाह की अभिव्यक्ति है। समानता की चाह अधिक स्वाभाविक और बलवती है, जबकि न्याय अपेक्षाकृत कृत्रिम चाह है। लेकिन ये चाहें शून्य में व्यक्त नहीं की जातीं। ये किसी उठने और गिरने वाले समाज के प्रसंग में प्रकट होती हैं। ऐसे प्रसंग में अनिवार्यतः ही समानता टूटकर बिखर जाती है और न्याय सड़न में बदल जाता है। समानता से वर्ग और तब टूट-फूट, न्याय से वर्ण और तब सड़न का विपरीत क्रम पैदा होता है और फिर दुबारा समानता, हर सभ्यता में मनुष्य के जीवन का यही क्रम है। मनुष्य का भाग्य समानता और न्याय, शक्ति और स्थायित्व के बीच झूलता है और एक की हिंसा व दूसरे की सड़न से अभिशप्त रहता है। इसे दुहराने की आवश्यकता नहीं कि भाग्य का यह खेल उठती और गिरती हुई सभ्यताओं के मंच पर खेला जाता है और दोनों के बीच सनातन

आपसी रिश्ता रहता है। यदि किसी उन्नतिशील सभ्यता में समानतामूलक वर्ग तेजी से आते हैं तो ये वर्ग बदले में उसे अधिक सशक्त और प्रौढ़ बनाते हैं। यदि वर्ग-संघर्ष की आक्रामकता से किसी सभ्यता की गिरावट में तेजी आती है तो इस गिरावट से वर्ग-संघर्षों में तेजी आती है। इसी प्रकार वर्णों के साथ भी, अन्तिम रूप से किसी सभ्यता के पतन और वर्णों की सड़न के बीच एक आपसी प्रक्रिया चलती है।

क्या मनुष्य के भाग्य में यही है कि वह सभ्यताओं के इस उत्थान और पतन को देखे और अपने सामने इतिहास के अनन्त रेगिस्तान का विस्तार पाए और बन्दर की भाँति वर्ग और वर्ण की डालों के बीच झूलता रहे? इतिहास के कुछ दार्शनिकों ने यह कहकर मनुष्य में विश्वास भरने का प्रयत्न किया है कि अनुभव के ये चक्र रचानात्मकता में, न कि स्थिर निष्क्रियता के स्तर पर दुहराए जाते हैं। यहाँ विवेकपूर्ण तर्क का काम शब्द-लालित्य से लेने का प्रयत्न किया गया है। स्वस्थ बौद्धिकता के लिए अस्वस्थ आध्यात्मिकता के विश्वास का उपयोग किया गया है। हाल के इतिहासकारों की रचनात्मक ढंग से दुहराए जाने वाले स्तरों और भौतिकवादी व्याख्याओं की निरन्तर या रुक-रुक कर होने वाली प्रगति में अधिक अन्तर नहीं है। इतिहास में ऐसे विश्वासों के प्रमाण नहीं के बराबर हैं। इसके चक्र वास्तव में दूसरे स्तरों पर चलते हैं। लेकिन इसका कोई प्रमाण नहीं है कि स्तरों के इस अन्तर को रचनात्मक या प्रगतिशील कहा जा सके। प्राचीन भारत, या रोम और आधुनिक यूरोप और समस्त मानवी संसार के वर्ग अपने-अपने समयानुसार एक दूसरे से भिन्न हैं पर उनमें एक दूसरे से रचनात्मक भिन्नता नहीं है। इसी तरह, भारत व चीन के वर्ण और जर्मनी व रूस और समस्त मानवी संसार के निर्मित वर्ण अपने समय के अनुसार भिन्न हैं पर उनमें भी रचनात्मक भिन्नता नहीं है। घूमते हुए चक्रों के इस अन्तर को सामन्तशाही से समाजवादी सभ्यता कहना उतना ही असत्य है जितना कि आधुनिक तकनीकी प्रगति में गरीबी से मुक्त दुनिया की कल्पना करना।

ऐतिहासिक नियति से सभ्यताओं के गुणों में चाहे जो भी अन्तर रखा हो पर शारीरिक विपन्नता और मानसिक कष्ट आज भी उतने ही महान हैं जितने इतिहास में पहले कभी थे। लोगों की बहुत बड़ी संख्या जो एक अरब से अधिक की ही होगी, दुनिया की दो-तिहाई आबादी घृणित जीवन बिता रही है। चाहे आबादी बढ़ने के फलस्वरूप जमीन की कमी के कारण ऐसा हुआ है, या अन्य किसी कारण से, यह विस्तार की बात है। पूँजीवादी सभ्यता के उपनिवेशों में रहने वाले इन डूबे लोगों से यदि पिछड़े और पिछले युगों में वर्गों से उनकी प्रगति के बारे में बताया जाए तो वे हँसते-हँसते मर जाएँगे। इतिहास को बनाने व समझने में एक बड़ी हानिकारक भूल यह होती है कि आंशिक कौशल को पूर्ण कौशल समझ लिया जाए और संसार के एक भाग की स्थिति को समस्त संसार पर लागू मान लिया जाए। हम इतिहास के अब तक सूखे रेगिस्तान को ऐसी मृगमरीचिकाएँ और सपने के ऐसे बाग न पैदा करने दें कि दिमाग की आँखों को ऐसे बीजों को अंकुरित होते देखने का भ्रम हो जो अभी बोए भी नहीं गए हैं। वे स्तर जिन पर मानव इतिहास का चक्र चलते हैं वास्तव में भिन्न हैं लेकिन मानवीय समझदारी ही अकेले उनके अन्तर को रचनात्मक बना सकती है। मनुष्य के भाग्य के निर्णयात्मक मोड़ों पर शायद सदा से ही आंशिक कौशल और पूर्ण कौशल के बीच चुनाव रहा है। आज भी एक निर्णयात्मक मोड़ सामने है और चुनाव भी। वर्ग और वर्ण के आन्तरिक परिवर्तन और उठती और गिरती हुई सभ्यताओं के बाह्य परिवर्तन को समझ लेने से हम वर्णों और वर्गों के विनाश करने और इतिहास के बढ़ते हुए रेगिस्तानों को समाप्त करने की ओर कुछ दूर बढ़ते हैं।

पश्चिमी सभ्यता जो अपने गतिरोध स्थल पर पहुँच गई है, और शायद पतन के बहुत निकट पहुँच गई है, शक्ति और समृद्धि के बदलाव की स्थिति भोग रही है। पश्चिमी यूरोप अब महाद्वीपों में श्रेष्ठ व राजा नहीं रहा। अमरीका ने वह स्थान ले लिया है और रूस उसकी प्रतिद्वन्द्विता के जोश में है। एशिया और प्रशान्त की ओर होने वाला परिवर्तन कुछ अधिक गहरा है।

इसके अलावा, वर्ण-व्यवस्था प्राप्त करने का प्रयत्न, विशेषकर टूटती शक्ति वाले पश्चिमी यूरोप में बहुत स्पष्ट रूप से दिखाई देता है। मानवता को क्षीण आशा भी नहीं दिलाई जा सकती है—विश्व एकता या वर्गहीन समाज के निर्माण की। एक सुनहरे युग की कल्पना जिसमें गरीबी और युद्ध का अन्त कर दिया गया है, जिसमें मनुष्य जीवन का अर्थ पा सके और जीने का ऐसा ढंग निकाल सके जिसमें आन्तरिक सन्तोष और बाह्य शान्ति हो, एक पुराना भ्रम मालूम पड़ता है।

मानव विकास में यदि एक और चालक-शक्ति न होती तो मैं मानता हूँ कि इस व्याख्या से मानव भाग्य का बड़ा ही निराशापूर्ण चित्र बनता है। निराशापूर्ण, इतिहास द्वारा जीवन का खेद प्राप्त करने के प्रसंग में, न कि इस अर्थ में कि जीवन का अर्थ मालूम ही न किया जा सके। यह भी हो सकता है कि जीवन के अर्थ की कुंजी केवल इतिहास में ही न हो। हो सकता है कि जीवन के अर्थ की कुंजी इतिहास के बाहर मिले। फिर भी जहाँ तक ऐतिहासिक विकास का प्रश्न है, यह दृष्टिकोण निराशापूर्ण न होता और यह अनन्त चक्र-सिद्धान्त होता है। इसका अर्थ होता कि युगों और क्षेत्रों का चक्कर चलता रहता और शक्ति व समृद्धि और गरीबी या सड़न बारी-बारी से आते रहते। हम समझदारी से किसी ऐसे भविष्य की बात नहीं सोच सकते थे जिसमें समस्त मानवता अपने को इस तरह समन्वित कर ले कि राष्ट्रों के बाह्य संघर्ष और वर्गों के आन्तरिक संघर्ष का अन्त हो जाए। ऐतिहासिक विकास की तीसरी चालक-शक्ति से कुछ आशा दिखती है कि जीवन का अर्थ एक सीमा तक, यद्यपि पूरी तरह नहीं, इतिहास में मिल सकता है।

राष्ट्रों और सभ्यताओं का उत्थान और पतन सदा ही होता रहा और इतिहास के विद्यार्थी के रूप में हम सबने ब्रिटिश साम्राज्य के उत्थान, कैरो साम्राज्य के पतन, गुप्त साम्राज्य के उत्थान, रोमन साम्राज्य के पतन आदि का अध्ययन किया होगा और इनके कारण भी जाने होंगे। स्कूल में बताए जाने वाले विभिन्न कारणों को हर कोई भुला देता है। उनकी संख्या बहुत अधिक होती है

और पढ़ते समय तो उनमें कुछ तथ्य मालूम पड़ता है लेकिन अन्ततोगत्वा जब हम उनके बारे में, और इतिहास को चलाने वाली मूल शक्ति के बारे में सोचते हैं तो ये कारण उतने समर्थ नहीं मालूम पड़ते जितना बीस वर्ष पहले बर्लिन की बातचीत में मार्क्सवादी द्वारा दिया गया उत्तर। किसी भी राष्ट्र के पतन के कारण गिनाते समय हमें आन्तरिक फूट और द्वेष, किसी सामाजिक संगठन का न होना और कट्टरता आदि बताए जाते हैं। मेरा विश्वास है कि मैं एक ही सूची में हर राष्ट्र और हर सभ्यता के पतन के कारण गिना सकता हूँ। इसमें अनिवार्य रूप से आन्तरिक द्वेष, कट्टरता और किसी प्रकार की विलासिता या शान-शौकत शामिल होंगे। लेकिन इस कट्टरता, आन्तरिक फूट, द्वेष और विलासिता का कारण क्या है? ऐसा क्योंकि बाद के रोमन सम्राटों के जीवन में विलासिता बढ़ी? अवध के नवाब का जीवन विलासिता के सामानों की सूची क्यों है जिनमें से कुछ की तो भूत और भविष्य में तुलना ही नहीं हो सकती? जब कोई सभ्यता नष्ट होने लगती है तो जीवन में कोई अर्थ और उद्देश्य नहीं रह जाता। अन्य समाजों के बाह्य दबाव बढ़ने से और अनिष्ट की निरुपाय आशंका से जीवन के पुराने ढंग खराब लगने लगते हैं और अनुशासन में कोई प्रसन्नता नहीं रह जाती। वर्ग की शक्ति व्यभिचार में बदल जाती है और वर्ग का स्थायित्व प्रभाव में हर व्यक्ति में विलासिता या लूट की एक भयावह गन्दी चाह भर जाती है। किसी भी सभ्यता के पतन के सभी पहलुओं का मूल कारण समाज की बाह्य और आन्तरिक गतियों के चरित्र में है, जो अधिकतम कौशल के बिन्दु तक पहुँच गया है और अब और आगे नहीं बढ़ सकता है और जिसके लिए प्रकृति के पुराने दैत्याकार पशुओं की भाँति अपने ही बोझ से या बाहरी दबाव से गिरना अनिवार्य है। इतिहास के रेगिस्तान में सौरभपूर्ण अमर हरियाली उगाना, जिस पर हर युग और क्षेत्र अपनी पसन्द के फूल उगा सके, इसके लिए आंशिक यद्यपि अधिकतम कौशल से भिन्न पूर्ण-कौशल का भेद जानना होगा। इस भेद को प्रकट करने में मानवीय विकास को चलाने वाली तीसरी शक्ति निर्णयात्मक महत्त्व की है। जबकि वर्ग और वर्ण एक दूसरे का पीछा

करते रहे हैं और किसी समाज की शक्ति उसके साथ ही गिरती और उठती रही है। मनुष्यता में हमेशा शारीरिक और सांस्कृतिक सामीप्य का एक चक्र चलता रहा है। उन्नतिशील समाजों ने विजय के द्वारा या एकाध बार अपना उदाहरण रखकर मानव-जाति की एकता स्थापित करने का प्रयत्न किया है। ऐसी एकता कभी समझदारीपूर्वक नियोजित नहीं की गई और अधिकांश में यह अन्य शक्तियों का अनजाना या अनिश्चित परिणाम रही है। अभी तक यह कमी समस्त मानवता तक फैली भी नहीं, लेकिन उसका वाहक हमेशा कोई एक राष्ट्र या सभ्यता रही है जिसकी शक्तियाँ अपनी सीमा तक काम करने के बाद समाप्त होती जा रही हैं।

मानवता की समीपता

मनुष्य को शारीरिक और सांस्कृतिक समीपता के जो महत्त्वपूर्ण क्रम ज्ञात हैं, उनमें सबसे महान क्रमों में एक वह भी था जिसे भारत के लोगों ने चलाया था। हमारे महान पुरखों और शायद कभी-कभी पुरखिनों ने भी दूर-दूर तक यात्राएँ कीं और जिस देश में भी वे गए, उसी को मृत-रूढ़ियों और संस्कारों की चिन्ता किए बिना ही अपना घर बना लिया। वे अब नहीं रहे, क्योंकि उन्होंने अपनी नस्ल नहीं छोड़ी। परन्तु विलीन होने की प्रक्रिया में, वे हजार रूपों में उन लोगों में बार-बार प्रकट हुए जिनके बीच वे रहे और प्यार किया। उन्होंने अपने को संस्कृत के बड़े सुन्दर ढंग से वर्णित 'रक्तबीज' में परिवर्तित कर लिया। समस्त पूर्वी एशिया में उत्तर से दक्षिण तक असंख्य ऐसी आबादियाँ देखी जा सकती हैं जिनके चेहरों पर भारत की स्पष्ट छाप है। बैंकाक के लुम्बिनी पार्क में और अन्यत्र भी आज का भारतीय यात्री अक्सर किसी ऐसी लड़की या लड़के के सामने पड़ जाता है, जिसमें निश्चय ही 1500 वर्ष पहले के किसी भारतीय की नस्ल का अंश है, जो ऐसी भाषा बोलता है, जो उसकी

समझ में नहीं आती परन्तु जिसमें उसकी अपनी भाषा से लेकर मिलाए गए शब्द भरे पड़े हैं और जो उसमें एक ऐसी पुरातन कहानी की याद जगाता है जिसे भूलना उतना ही कठिन है जितना उसका विस्तार से याद आना। किस भारतीय बच्चे ने अपनी दादी से सुदूर पूर्व आसाम की पहाड़ियों, ब्रह्मा और उससे भी आगे रहने वाली जादूगरनी सुन्दरियों की कहानी नहीं सुनी जो आदमी को फँसाकर, उसे भैंसा बनाकर अपने घरों में बाँधकर रख छोड़ती हैं। किसी प्राचीन ईर्ष्या की जातीय स्मृतियाँ निश्चय ही इस कहानी में जोड़ दी गई हैं। इतिहास का एक दार्शनिक निश्चय ही इस पर आश्चर्य करेगा कि क्या कभी ऐसी मधुर ईर्ष्याएँ इतनी जीवन्त और सार्वलौकिक और सारी दुनिया के स्त्री-पुरुषों के जीवन का अंग बन सकती हैं। मैं ऐसे पुरखों पर गर्व करता हूँ जो मानवीय समीपता के वाहक थे, साम्राज्यवादी नहीं। लेकिन गर्व अपने-आप में समीपता का विरोधी है। इससे मानव-जाति की समीपता नहीं होती बल्कि मानव-जाति के अंशों को लोग कृत्रिम ढंग से अपने में मिला लेते हैं जो गर्व करने की स्थिति में होते हैं। अत: हम यह याद रखें कि संसार की लगभग सभी जातियाँ किसी-न-किसी समय गर्व करने की स्थिति में रही हैं और शारीरिक तथा सांस्कृतिक समीपता की वाहक रही हैं। समस्त मानवता इस परिपाटी पर गर्व कर सकती है और उस गर्व के साथ उस क्रम को नियोजित कर सकती है जो अब तक बिना किसी योजना के चला है।

यह याद रखना कितना सुखद है कि संस्कृत भाषा की सुनहरी लड़ी अपनी विभिन्न बहिनों और पुत्रियों, प्राकृत और पाली के साथ समस्त दक्षिणी एशिया और कुछ कम सीमा तक एशिया के दूसरे भागों को भी एक करती है। चाहे जकार्ता या बैंकाक में 'प्रधानमंत्री' या 'पंचशील' या 'रथमनु' जैसे शब्द अक्सर मिल जाते हैं और सोराबाया के निकट एक समाजवादी जिसके साथ मैंने खाना खाया, जिसकी पत्नी और बच्चों के नाम थे—रुक्मावती, पद्मावती, धर्मवान, युद्धर्निशा और वह परिवार मुसलमान था। कौतुक की बात कि रथमनु एक बड़े ही महत्त्वपूर्ण स्मारक का नाम है जिसे थाई लोगों ने अपनी 1932

की क्रान्ति के स्मारक रूप में बताया है। यह बैंकाक की मुख्य सड़क के बीच में पत्थर का छोटा-सा स्तम्भ है जिस पर पत्थर की एक किताब रखी हुई है जो उनका संविधान है और रथमनु स्पष्ट ही 'राष्ट्र मनु'—राष्ट्र का विधि-निर्माता—की सुदूर यात्रा का परिणाम है। दक्षिण एशिया की भाषाओं में ऐसे बदले हुए शब्दों की संख्या उन शब्दों से कहीं ज्यादा है जो अब भी अपने प्राचीन रूप को बनाए हुए हैं। इससे मन में यह प्रश्न उठता है कि क्या अपने-आप, अनियोजित ढंग से होने वाली सांस्कृतिक समीपता, एक साथ ही, एक केन्द्र से फैलने वाली और उसी केन्द्र की ओर बढ़ने वाली नहीं होती? सुदूर टोकियो में चेहरों या भाषा में ऐसे चिन्ह पाना सम्भव नहीं लेकिन कामाकुरा और नारा में गौतम बुद्ध की विशाल मूर्तियाँ उस महान युग की याद दिलाती हैं जब भारत जातियों और संस्कृतियों में मिलावट का अगुवा था, सैनिक ढंग से नहीं बल्कि दूसरे ढंग से। निश्चय ही वह एक फैलाव था। मानव-जाति के भिन्न-भिन्न भागों में शारीरिक और सांस्कृतिक समीपता का यह क्रम चलता रहा है, चाहे विजयों के द्वारा या दूसरी रीतियों से, विशेषकर उन स्थानों पर जहाँ दो राज्य मिलते हैं। सीमाएँ अब भी उत्तेजक होती हैं क्योंकि वहाँ पर जातियाँ मिलती हैं। वे युद्ध में मिलती हैं और प्यार में और युद्ध से भी बाद में प्यार ही होता है, कम-से-कम पहले तो ऐसा ही होता था।

मानव-जाति का भारतीय अंश और उसकी संस्कृति किस प्रकार पूरब की ओर उत्तर में जापान तक फैली और अपने तथा इन इलाकों में रहने वाले लोगों के बीच शारीरिक तथा सांस्कृतिक दोनों प्रकार की समीपता स्थापित की, इसकी कहानी के साथ यह भी याद रखना चाहिए कि ऐसा ही क्रम संसार के सभी भागों में चलता रहा है और लगभग सभी जातियाँ उसकी वाहक रही हैं। उदाहरण के लिए अरबी भाषा, अफ्रीका की लगभग सभी नीग्रो भाषाओं का आधार है और दो हजार वर्षों से भी अधिक समय से सिकन्दरिया विभिन्न जातियों का संगम रहा है। उन क्षेत्रों में, चाहे सिकन्दरिया या काहिरा या निकोसिया, चेहरों की विभिन्नता अपनी ओर ध्यान खींचती है और एक कोमल स्मृति जगाती

है कि कितनी ही जातियाँ और उपजातियाँ यहाँ मिली होंगी। भारतीय परम्परा के अनुसार जहाँ दो नदियाँ मिलती हैं वह तीर्थस्थल होता है। फिर जहाँ दो या अधिक जातियाँ मिलती हों, वहाँ भी तीर्थस्थल होना चाहिए क्योंकि मानव-जाति की शारीरिक और सांस्कृतिक समीपता का क्रम उस स्थान पर चला है।

अन्य भावनाओं ने भी अपना फैलाव लिया था। अरामिक भाषा जिसमें ईसा बोले थे, भाषा के रूप में तो विस्तार न पा सकी लेकिन उसकी लिपि दूर-दूर तक गई। ग्रीक और लैटिन भाषाओं के अलावा जो आज भी अपनी प्रत्यक्ष सन्तानों में जीवित हैं और रक्त-बीज की तरह बहुतेरी आधुनिक भाषाओं में घुस गई है, अंग्रेजी भाषा का फैलाव निश्चय ही आश्चर्यजनक हुआ है। लेकिन इस सबसे बाद के फैलाव की औरों से अलग समझने की भूल नहीं करनी चाहिए क्योंकि अपनी समय की चीज सदा बहुत बड़ी मालूम होती है, उनमें शायद वही चीजें दुहराई जा रही हैं जो दूरी के कारण छोटी लगती है। रक्त और भाषा के अलावा मनुष्य के जीवन में अन्य पहलुओं में भी समीपता रही है, जैसे विचार, धर्म, पैदावार के तरीके और रहन-सहन का ढंग। तीन बड़े धर्मों—बौद्ध, ईसाई और इस्लाम के फैलाव में लगभग पूरा संसार आ गया है। यहाँ एक चेतावनी देना आवश्यक है कि बाहर जाने में शब्द अपना रूप और ध्वनि बदल लेते हैं। यदि मानव-जाति में असंख्य रीतियों से मिलने के क्रम रहे हैं तो उसमें बिखराव भी आए हैं और समय के साथ अन्तर बढ़ते गए हैं।

इस सम्बन्ध में अब भी बहुत अटकल लगाई जाती है कि प्रमुख जातियों के आदि-निवास कहाँ थे, उनका विस्तार कैसे हुआ और उनमें आपसी टकराव कैसे हुआ? फिर भी यह मान लेने का काफी कारण है कि इन बिखरावों ने एक को अनेक बनाया, कि बुनियादी एकता के समूह को विभिन्न चरित्र वाले कई हिस्सों में बाँट दिया। आज भी मंगोल, आर्य या नीग्रो जातियों के अनेक समूह हैं, जबकि एक समय, हर जाति का एक ही समूह था। तब यह क्या आशापूर्ण कल्पना नहीं होगी कि हम पुनर्संगठन के क्रमों पर ध्यान केन्द्रित करके बिखराव के इन क्रमों को भुला दें। किसी प्रमाणित सिद्धान्त को तब

तक स्वीकृति या मान्यता नहीं मिल सकती जब तक उसके पक्ष में ऐतिहासिक प्रमाण न जुट जाएँ। फिर भी उचित अनुमान लगाया जा सकता है। ऐसा लगता है कि बिलकुल प्रारम्भ में मानव-जाति कुछ बड़े-बड़े कारागारों में रहती थी, बिना किसी आपसी सम्बन्ध के। यह कारागार चाहे बहुत विस्तृत क्षेत्र में फैले रहे हों लेकिन उस समय अभेद्य चट्टानी दीवारों से घिरे होते थे। इन प्रत्येक कारागारों में मानव-जाति का एक-एक अंश पूर्ण अलगाव की स्थिति में रहता था। निश्चय ही उनमें बड़ा कच्चापन रहा होगा, यद्यपि कुछ लोग उसे 'शुद्ध और अमिश्रित' कहकर एक सुन्दरता देना चाहेंगे।

जब एक दूसरे से पूर्णत: असम्बन्धित मानव-जाति ने अन्तिम रूप से अपने को इन कारीगरों से मुक्त किया तो वह खुशी या डर से पागल हो उठी और खोज व इतिहास के खतरे उठाए और प्रत्यक्ष रूप से अपने को और भी अधिक बिखेर लिया। लेकिन यह बिखराव सम्भवत: उस समय एक ऐसी अकेली सीढ़ी थी जिससे भविष्य के पुनर्मिलन की सम्भावना थी। अवश्य ही हर उछाल और पड़ाव के बाद एक नया बँटवारा हुआ लेकिन अगली उछाल या उसके बाद वाली उछाल में हर दल को अपने जैसे दूसरे दलों से आमना-सामना हुआ जो कि उनकी ही तरह अपना कारागार तोड़कर निकले थे। ऐसे अजनबी, जिन्होंने एक दूसरे को सपने में भी शायद पहले न देखा था, मिले, हैरानी से एक दूसरे का अभिवादन किया और आँखों और हाथों से बातें कीं। और चाहे कितने ही सूक्ष्म रूप में ही पर शारीरिक और सांस्कृतिक समीपता की प्रक्रिया शुरू हुई। इस प्रारम्भिक समीपता से लेकर सांस्कृतिक विस्तार तक, मिस्र के अख्नतान या उपनिषदों से कन्फूशियस या कांट से गांधी या आधुनिक भारत तक, एक लम्बा युग बीता लेकिन यह मिलावट और समीपता का एक वैसा ही लम्बा इतिहास भी है। पैदावार के तरीकों और रहन-सहन या प्रयोग की वस्तुओं की समीपता की सूची तो नितान्त बड़ी है। अपने युग में ढाका का मलमल दुनिया में उतनी ही दूर तक फैला है जैसे आज अमरीका का नाइलान। व्यार की मशीनी कताई व बुनाई के तरीके में लगातार सुधार होते रहे

और अब समस्त पृथ्वी में उसका विस्तार है। यदि हॉलीवुड वह प्रयोगशाला है जहाँ बनाव-शृंगार से एक-दूसरे के चेहरों की आकृति में मिलावट लाई जाती है और पहचान के बहुतेरे भुलावे हो सकते हैं तो समस्त विस्तृत संसार आज अपने प्रयोगों का क्षेत्र बन रहा है। तथापि, सम्भवत: बारूद ही वह वस्तु है जो आज भी समस्त संसार में सबसे अधिक तीव्र गति से फैलने वाली वस्तुओं में अपना सानी नहीं रखती।

यह कहना आज साधारण सच्चाई की बात है कि मोटर, बेतार और हवाई जहाज ने दूरियों का विनाश कर दिया है। चाहे बादलों की मोटी परतों के ऊपर मनुष्य अपने वायुयानों में उड़ता हो, और आधुनिक सुविधाओं वाले होटल दो लोगों के बीच की दूरी का विनाश करते हों, फिर भी दुनिया में ऐसा कोई देश नहीं है जो यातायात और सन्देह-वहन के तरीकों का इस्तेमाल न करता हो। सभी ऐतिहासिक काल में मनुष्य ने पद्धति, भाषा, व्यवहार की वस्तुओं और उत्पादन के तरीकों, विचारों, धर्मों में एक दूसरे की समीपता का प्रयत्न किया है, परन्तु सदा ही भूतकाल की सीमाओं और आज के अन्तर्देशों की हदों के बाहर जिन पर गरीबी ने आघात किया। इस गर्वीले विचार से दिमाग गन्दा न किया जाए कि किसी एक राष्ट्र के लोग ही इस प्रक्रिया के वाहक थे। ये तो मानव-विकास का एक अंग था और जब कभी एक विशेष राष्ट्र के लोग उन्नत हुए और कौशल प्राप्त किया, लगता है कि वे अपने को दूसरे क्षेत्रों में ले गए, उनसे हिले-मिले और साथ-ही-साथ उनसे कुछ प्राप्त किया और जिसे लेकर अपने राष्ट्र में वापस आए। यह तो इतिहास के प्रारम्भ से ही चलता रहा है।

सांस्कृतिक क्षेत्र में, मुझे इस प्रक्रिया के कुछ आधुनिक उदाहरण मिले हैं। अपने संसार का हिन्देशियाई भाग बहुत पहले से रोंगेन नामक नृत्य से परिचित है। ऐसे भारतीय जो भीलों और अन्य जंगल के निवासियों के साथ रहे हैं, उन्होंने अवश्य ही देखा होगा कि पुरुषों और स्त्रियों के समूह सदा अलग रहते हैं, शायद इसलिए कि भारत में यह उचित न माना जाएगा कि कोई पुरुष किसी स्त्री को छुए या कोई स्त्री किसी पुरुष को छुए, पर वे एक दूसरे के

आमने-सामने खड़े होते हैं, आगे बढ़ते और पीछे खिसकते और घेरे में नाचते हैं। मुझे बताया गया कि रोंगेने नाच काफी हद तक ऐन्द्रिक नाच होता है लेकिन ऐसा नाच जिसमें परिवार के सभी लोग भाग ले सकें। किसी तरह यह नाच संयुक्त राष्ट्र अमरीका में जा पहुँचा और यद्यपि वहाँ नाचने वाला जोड़ा पूरी तरह अलग तो न हुआ लेकिन उसने बारी-बारी से दूर और नजदीक होना सिखाया। इस नाच को बूगी-बूगी कहते हैं। अब यह 'जोगेट मॉडर्न' के रूप में सिंगापुर वापस आ गया है और सम्भवतः संसार का यह सबसे अधिक ऐन्द्रिक नाच है। पुरुष, स्त्री को नहीं छूता, दोनों दूरी बनाए रखते हैं, लेकिन ऐसे ऐन्द्रिक भाव-प्रदर्शन और अंग चालन होते हैं जब वे एक दूसरे की ओर बढ़ते हैं और फिर पीछे खिसकते हैं और इसी तरह चलता है। दो बिलकुल अलग-अलग लोग रहते हैं लेकिन नाच की चुम्बकीय बेशर्म ऐन्द्रिकता उन्हें ऐसे घेरे की जकड़न में बाँधे रहती है जो घेरा हर समय अपना स्थान बदलता रहता है। इस विकास के साथ शायद इस्लाम धर्म का कुछ सम्बन्ध हो। लोग शायद अपना विश्वास व धर्म खंडित किए बिना ही नाच का मजा लेना चाहते हों। लेकिन यदि समीपता की यह प्रक्रिया चालू रही तो आगे और भी विकास हो सकता है।

बाली के पास 'गेमलान' नाम का एक अद्भुत बाजा है पीतल के बने कई बाजों का समूह है और जो द्वीप के लगभग हर गाँव में मिलता है और जिसके वाद्य-समूह में पचास या अधिक लोग होते हैं, संगीतज्ञ जिनकी उम्र दस से सत्तर वर्ष तक होती है, जिनके पास न तो कोई लिखित सरगम है न कोई संचालक। इस अनोखी निधि 'गेमलान' का अब बाली के बड़े नगर डेन पासेन में हॉलीवुड की फिल्मों के विज्ञापन में इस्तेमाल होता है। यह भी सांस्कृतिक मिलावट की प्रक्रिया का एक हिस्सा है, यद्यपि दुर्भाग्यपूर्ण हिस्सा। गेमलान की मधुर, झनझनाती ध्वनि पर अभी भी बाली में बहुत कुछ होता है और बड़े तटीय नगरों को छोड़कर समस्त द्वीप की औरतें अपने सुगठित और ढके कूल्हों और गोलाकार पर वस्त्रहीन वक्षों को, जो शायद वस्त्रहीन होने के

कारण अधिक सुगठित होते हैं, हिलती हैं। लेकिन अब तो शहर फैशन चलाते हैं और बाली के गवर्नर की बीवी इस बात पर बहुत चौंकी कि विदेशी तरीकों की इस प्रकार बिना सोचे-समझे नकल करना लाभदायक नहीं है। सम्भव है कि समय बीतने पर कुछ सांस्कृतिक मिलावटों का फल यह हुआ हो कि स्थानीय व विदेशी तरीकों ने एक दूसरे का स्थान ले लिया हो। शायद जिस समय तक अमरीकी औरतें कम-से-कम कैलिफोर्निया के कुछ गर्म इलाकों में, अपने सुगठित वक्ष वस्त्रहीन करके चलने लगेंगी तब तक बाली की औरतें अपने ढले हुए वक्षों को चौथाई दर्जन ब्लाउज कहे जाने वाले विभिन्न वस्त्रों से ढक लेंगी। कुछ लोगों को यह इतिहास का अगम्भीर पहलू मालूम होगा, लेकिन कितने लोगों को याद है कि बीस शताब्दियों पूर्व किस देश में, किस प्रधानमंत्री या विदेश मंत्री ने क्या कहा था! महान सैनिक नायक (बड़े जनरल) सम्भवत: पाँच या दस शताब्दियों तक याद किए जाते हैं। धर्म के महान पैगम्बर तो खैर अमर हैं, लेकिन जहाँ तक लड़ाइयों, योद्धाओं और राजनीतिकों की बात है, जब उनका नाम-निशान भी मिट जाता है, बैंकाक के चेहरे पर नारा या सॉनफ्रांसिस्को के चीनाटाउन या पेरिस में मिस्त्री ओबेलिक की स्मृति में जो रहता है, वही बच रहता है क्योंकि इतिहास के मूल में बची रहने वाली यही चीजें हैं। जातियों और लोगों के मिलने में और उनकी संस्कृतियों के मिलने तथा उनके शरीर के भी मिलने में क्या बचा रहता है।

इन शारीरिक व सांस्कृतिक मिलावटों की भी ज्ञात सीमाएँ हैं, क्योंकि अब तक के हुए तमाम प्रयत्नों में अभी तक कोई इतना नहीं फैल गई हैं कि सारी दुनिया ढक लें। ग्रीक या संस्कृत या अरामिक या अरबी सभी समय-समय पर ही फैली हैं पर इतना कभी नहीं कि समस्त पृथ्वी पर छा जाएँ। तमाम संस्कृतियाँ अपने पश्चिम में या अपने पूर्व में और दूसरी दिशाओं में फैली हैं और अनगिनत लोगों को अधीनस्थ किया है लेकिन सम्पूर्ण संसार को कभी नहीं। अत: कुछ लोग सोच सकते हैं कि शारीरिक और सांस्कृतिक मिलावट की यह प्रक्रिया एक सीमा तक ही सम्भव है और कभी समस्त संसार के लिए

कारगर नहीं है। ऐसा भी हो सकता था कि यदि मानवता के केवल विजय का या एक संस्कृति के एकतरफा विस्तार का ही रास्ता खुला होता। प्राचीन काल में अधिकांश विजयों द्वारा ही, अक्सर सैनिक विजयों और कभी-कभी सैद्धान्तिक भी, दो राष्ट्रों के बीच समीपता होती थी। लेकिन अब समय आ गया है कि स्वेच्छित समीपता आए जिसमें एक समूह को दूसरे की पराधीनता न स्वीकारनी पड़े और जिसके द्वारा संसार के सभी लोग समझदारी से नियोजित करके मानव-जाति की एक बहुरंगी मिलावट निर्मित करने में सफलता प्राप्त करें। तो भी जो सम्भव है वही आवश्यक नहीं।

आन्तरिक समीपता

दो और अधिक राष्ट्रों के बीच बाह्य समीपता के अलावा एक राष्ट्र के भीतर आन्तरिक समीपता भी हुई है। यह असन्दिग्ध है कि इतिहास के प्रारम्भ से ही असमानता रही है परन्तु समानता प्राप्त करने की मानव की चाह भी सम्भवत: उतनी ही पुरानी है। और यूरोप के विभिन्न हिस्सों में अर्जित आन्तरिक समीपता का विस्तार आश्चर्यजनक है। स्वीडन का समाजवाद अधिकांश आदमियों को एक और बीस की अधिकतम-न्यूनतम सीमा के भीतर लाने में सफल हो सका है। स्वीडन के प्रधानमंत्री का वेतन, सड़क पर झाड़ू लगाने वाले या कूड़ा साफ करने वाले के न्यूनतम वेतन के पाँच गुने से कम है। पश्चिमी यूरोप के अधिकांश हिस्सों में प्रचलित घरेलू नौकरानी के सम्बन्ध में यह कानून कि उसका अपना अलग एक कमरा होना चाहिए, यह आन्तरिक समीपता का सही क्रम है। यहाँ तक कि पूँजीवाद अमरीका में भी रेल का इंजन चलाने वाले और एक राज्य सरकार के सचिव का वेतन लगभग बराबर है। कल्याणकारी राज्य की भावना ने आन्तरिक समीपता को और भी अधिक बल दिया है। बेरोजगारी

या बेकारी के बीमे, शिशु-काल और बुढ़ापे की पेंशन, खुराकी सहायता, मुफ्त दवा, नगरपालिका के मकान और विश्वविद्यालय शिक्षा के लिए बहुतायत वजीफे की व्यवस्था के कारण पश्चिमी राज्य ने कल्याणकारी राज्य होने का उचित दावा प्रस्तुत किया है और बिना शंका के एक नागरिक को अपेक्षतया दूसरे के बराबर बनाया है। यद्यपि यह विचार इतना अनोखा नहीं है। रोम का राज्य भी अपने नागरिकों को बहुतायत से रोटी और मनोरंजन जुटाने की चिन्ता करता था। आधुनिक राज्य न केवल रोम के पुराने विचार को न्यूनतम आवश्यकता के सभी क्षेत्रों में विस्तार दिया है और इन नीतियों द्वारा उदारता तथा भाईचारे की भावना को सान्त्वना देने की आवश्यकता से कहीं अधिक बलवती बनाया है। एक उन्नत सभ्यता में जागरूक जनता स्वाभाविक रूप में कोलाहल करती है और सामाजिक चेतना ऐसे समय में उदार होती है। इससे मतलब नहीं कि सोवियत रूस में बनती हुई वर्ण-व्यवस्था ने शरीर और आत्मा के अन्य क्षेत्रों में जो भी किया हो, पर सार्वजनिक दवा-दारू और प्राथमिक शिक्षा के दो क्षेत्रों में रूस द्वारा अर्जित आन्तरिक समीपता बेजोड़ है। रूस यह उचित दावा कर सकता है कि अपने समस्त नागरिकों को साधारण चिकित्सा और प्राथमिक शिक्षा की सार्वजनिक व्यवस्था करने में किसी अन्य राष्ट्र के मुकाबले में अग्रणी है, यद्यपि उसकी चिकित्सा सम्बन्धी विशेष अध्ययन और कौशल तथा विश्वविद्यालय स्तरीय शिक्षा में पूर्णता की आशा करने जैसी बहुत सी कमियाँ हैं।

आन्तरिक समीपता की प्रक्रिया ने इस अर्थ में कि एक नागरिक अपेक्षतया दूसरे के बराबर बने, आधुनिक सभ्यता के गोरे राज्यों में विशेष प्रगति की है। अलग-अलग राज्यों में अलग-अलग क्षेत्रों में असाधारण उपलब्धियों की भिन्नता हो सकती है। तो भी कल्याणकारी राज्य की ऐसी आन्तरिक समीपताएँ केवल धनी, गोरे राज्यों तक ही पूर्णतया सीमित हैं और रंगीन राज्य अधिक-से-अधिक उनके सम्बन्ध में छल या धोखे की बातें कह सकते हैं। डूबती हुई गरीबी की स्थिति में जनता कोलाहल करने में अशक्त हो जाती है और उदारता

इतनी महँगी हो जाती है कि सामाजिक चेतना सम्भव नहीं रहती, जब तक कि एक नई सामाजिक बुनियाद पाने के लिए जनता की सृजनात्मक शक्तियों को फिर से न जगाया जाए। असमानता समृद्धि के उलटे अनुपात में बढ़ती है। जो देश जितना ही समृद्धिशाली, उसके नागरिकों में उतनी ही असमानता। दरिद्रता और असमानता साथ-साथ चलती है क्योंकि दोनों ही पिछड़ी हुई सभ्यता और कुंठित चेतना की उपज है। नितान्त दरिद्रता की स्थिति में जागरूक सामाजिक चेतना का बना रहना आध्यात्मिक क्षय लाने वाली और भौतिक रूप में साधनों से परे होती है। अत: आन्तरिक समीपता की प्रक्रिया उन्हीं सभ्यताओं में केन्द्रित रहती है जो अपनी अधिकतम संगठनात्मक कौशल की सफलता के क्रम में होती है या जिन्हें उस स्थिति को पार किए अधिक समय नहीं हुआ रहता। आधुनिक सभ्यता प्रभु-राज्यों की सीमाओं में रहने वाले विभिन्न वर्गों के बीच समीपता लाने में सफलता पाती रही है। स्त्री और पुरुष के निकट आने के इस अर्थ में कि दोनों सामाजिक रूप में भिन्न न हों, सीमाएँ बहुत महत्त्व रखती हैं, क्योंकि रहन-सहन के स्तर की ऊँचाई की धारणा जो आधुनिक सभ्यता के लिए अचरज की है, राष्ट्रीय सीमाओं के भीतर ही काम करती रही है।

आज यूरोप में, किसी शाही घराने की महिला का किसी नौकरानी से और एक धोबिन का प्रधानमंत्री की बेटी से अन्तर बताना कठिन होगा। पेरिस की किसी सड़क के किनारे के चायखाने से कोई भी घंटों तक बिना ऊबे राह चलते लोगों को देख सकता है, लेकिन यह बताना सम्भव न होगा कि कौन क्या है, क्योंकि वे सभी काफी तेज व सुरूप होते हैं। यहाँ तक कि भारत में भी धोबिनें और मेहतरानियाँ किसी भी अन्य स्त्री जैसी ही सुन्दर होती हैं लेकिन उनके कपड़े बहुत माने रखते हैं और उन्हीं के कारण समस्त अन्तर होता है। यूरोप कपड़ों की अपेक्षतया समानता दिखाता है, जब तक कि कपड़ों की अच्छाई का सूक्ष्मतम परीक्षण न किया जाए। स्टॉकहोम की सड़कों पर किसी मजदूर का दिखाई पड़ना असाधारण दृश्य होगा, क्योंकि वह साफ-सुथरी पोशाक पहने रहते हैं। यूरोप में अर्जित सामाजिक और आर्थिक समानता का जो विस्तार है,

उससे यह सम्भव है कि सभी यूरोपवासियों को मनुष्य की प्रतिष्ठा प्रदान की जा सके। अत: लोगों में आई समीपता, न केवल भाषा, सांस्कृतिक रीतियों और जातीय मिलावटों से सम्बन्धित है बल्कि राष्ट्र की आन्तरिक सामाजिक समानता की दिशा में भी है।

इतिहास में एक समय तीन महान व्यक्ति थे, जिन्होंने लगभग एक साथ ही सोचा, और काम किया। वे थे बुद्ध, सुकरात और कन्फुसियस। लेकिन उनके राष्ट्र के लोगों व उनके अनुयायियों को दूसरे के सम्बन्ध में जानने में अनेक शताब्दियाँ लगीं। अब यह समस्या भी समाप्त हो गई है। यदि आज ऐसे तीन महान विचारक होते और पुराने परम्परागत ढंग से नहीं बल्कि किसी नए ढंग से संसार के भाग्य का निर्माण करने का प्रयत्न करते होते तो वे कम-से-कम पत्र-व्यवहार द्वारा तो आवश्यक ही मिल लेते। लेकिन अड़चनें अभी भी हैं। उसी व्यक्ति की आवाज ऊँची होती है जिसके देश के पास सबसे अधिक कारखाने और अणु बम होते हैं। इस बाधा के रहते हुए भी आज यह सम्भव होता है कि समझदारी और स्वेच्छित योजना से, एक राष्ट्र के आन्तरिक और समस्त विश्व के राष्ट्रों के बीच बाह्य, शारीरिक और सांस्कृतिक समीपता की प्रक्रिया पूरी हो जाती। अपने युवाकाल में मैं सोचा करता था कि मैं मरने के पहले मिश्रित नस्लवाले मुलाटों[1] की दुनिया देख सकूँगा। हम सभी तो मिश्रित नस्ल वाले हैं, गोकि एक प्रकार से प्राचीन वंश-परम्परा के, क्योंकि रक्त का मिश्रण बहुत काल पहले हुआ था। आज के आधुनिक मुलाटों को प्राचीन वंश-परम्परा के मिश्रित नस्ल वालों से स्वीकृति पाना जरा कठिन लगता है। लेकिन क्या भारत के ऋषियों में से एक ने जाति की परिभाषा नहीं बताई कि 'समान प्रसव: जाति' अर्थात उन सभी लोगों की एक जाति है जो एक दूसरे से सन्तान पैदा कर सकें, चाहे वे ब्राह्मण या भंगी, गोरे या नीग्रो हों? वे सभी एक दूसरे से सन्तान पैदा कर सकते हैं और यदि शारीरिक समीपता की भावना मनुष्य में छा जाए और शरीर और आत्मा दोनों ही क्षेत्रों में खतरा उठाने की

1. काले तथा गोरे माता-पिता की चितकबरे रंग की सन्तान।

चाह स्त्रियों और पुरुषों में समान रूप से बढ़ती जाए तो विश्व-शान्ति और एक स्वर्ण-युग का स्थायी आधार मिल जाएगा। चाहे ऐसा कभी हो या न हो, शारीरिक और सांस्कृतिक समीपता की अन्य प्रक्रियाएँ जो जब दिखाई पड़ रही हैं, निर्णयात्मक महत्त्व की हो सकती हैं।

सामान्य सपने

कुछ विचार आज भी सामान्य माने जाते हैं जो यद्यपि अभी राजनीतिक मान्यता नहीं पा सके हैं, भविष्य में पा सकते हैं। आज किसी भी भारतीय के लिए सम्भव नहीं है कि वह अमरीकी राष्ट्रपति या रूसी प्रधानमंत्री को अपने मत (वोट) के द्वारा शक्ति से अलग कर सके। उसका मत केवल अपने शासकों के चुनाव तक ही सीमित है। इसी प्रकार एक रूसी या अमरीकी के लिए यह सम्भव नहीं कि भारतीय प्रधानमंत्री को गद्दी से हटाने के लिए मत दे सके। उसका मत भी उसके अपने शासकों के चुनाव तक ही सीमित है। हम लोग जनतंत्र और सत्ताधिकार में रहते हैं जो अक्सर युद्ध करते हैं। ये युद्ध हमारा भाग्य-निर्णय, जो हम आन्तरिक रूप में कर सकते हैं उससे अधिक नहीं करते। फिर भी किसी की कोई आवाज नहीं, युद्ध और शान्ति के इस मामले में, और इनका निर्णय ऐसे क्षेत्रों में ऐसे लोगों द्वारा होता है जिन पर हमारा कोई नियंत्रण नहीं। यह सभी नागरिकों व उनके राष्ट्रों पर लागू होता है चाहे वे राष्ट्र जितने शक्तिशाली या जितने शक्तिहीन हों। बालिग मताधिकार जहाँ है

भी, वहाँ बहुत हद तक सीमित है। यह केवल एक राष्ट्रीय मत है। और दूसरे राष्ट्र के लोगों के भाग्यों पर किसी भी राष्ट्र के लोग केवल युद्ध या धोखाधड़ी द्वारा ही प्रभाव डाल सकते हैं और इस कारण से युद्ध और शान्ति के मामलों का फैसला सार्वभौमिक मत के द्वारा नहीं बल्कि सीमित राष्ट्रीय मत के द्वारा होता है। एक सशक्त माँग रखी जा रही है कि संसार का हर नागरिक का इन मामलों में मत होना चाहिए कि अमरीका या रूस या भारत का शासन कैसे होता है, कम-से-कम कुछ ही मामलों में।

विश्व-सरकार यदि कभी आई तो वह सभी विषय न ले सकेगी, साधारणतया जो काम सरकार के नियंत्रण में होते हैं, उनमें से भी अधिकांश नहीं, लेकिन कोई भी ऐसे विषयों की न्यूनतम सूची आसानी से बना सकता है जो एक विश्व-संसद को उत्तरदायी विश्व-सरकार के हाथों सौंपे जा सकते हैं। बल्कि मताधिकार द्वारा चुनी हुई सीमित शक्ति की इस विश्व संसद में राष्ट्रीय व क्षेत्रीय हितों की सुरक्षा हेतु उनका प्रतिनिधित्व घटाया-बढ़ाया जा सकता है। चाहे संसद का एक उच्च सदन भी हो सकता है जिसमें संसार के सभी राष्ट्रों का समान प्रतिनिधित्व हो या एक ही लोकसदन में बहुत अधिक आबादी वाले क्षेत्रों का भय मिटाने के लिए शक्ति की वर्तमान वास्तविकताओं को ध्यान में रखते हुए कुछ क्षेत्रों का प्रतिनिधित्व बढ़ाया जा सकता है। आज जितनी भी सरकारें स्थापित हैं, वे इसलिए कि राष्ट्रीय हैं, वे सभी मानव-जाति की एकता की पृष्ठभूमि के विरुद्ध अत्याचारी हैं। राष्ट्रीय सरकारें तो सदा रहनी ही चाहिए, क्योंकि उनका अन्त करने वाली विश्व-सरकार, यदि कभी राजनीतिक दृष्टि से ऐसी असम्भव बात हो ही गई तो स्वयं एक अत्याचारी पिशाच बन जाएगी। अतः विश्व-सरकार को अपने-आपको युद्ध और शान्ति, सैनिक शक्ति और वैदेशिक नीति आवश्यक विभागों तक और बुनियादी अस्तित्व के लिए आवश्यक न्यूनतम आर्थिक विषयों तक ही सीमित रखना होगा। ऐसी विश्व-सरकार की पृष्ठभूमि में राष्ट्रीय सरकारों द्वारा मानव-जाति के अत्याचारपूर्ण बँटवारे का अन्त हो जाएगा और जनतंत्र को पहली बार

काम करने को विस्तृत क्षेत्र मिलेगा। अच्छे जनतंत्र में भी बालिग मताधिकार कुंठित रहेगा, जब तक कि मिथ्या राष्ट्रीय गर्व या सुरक्षा की सच्ची भावनाओं के कारण पाखंड और हिंसा के लिए सम्भावना बनी रहेगी।

एक सभ्यता जो सहमति द्वारा विश्व-सरकार की भावना के बगैर चले, और सभी सभ्यताओं में सभी तक ऐसी भावना की कमी रही है, निश्चय ही पूर्ण कौशल के अलावा अपने प्रारम्भिक चुनाव की खास दिशा में अधिकतम कौशल की ओर चलेगी। बालिग मताधिकार अनेक अन्य उद्देश्यों के लिए भले ही राष्ट्रीय मत बना रहे, परन्तु जिस प्रकार सामूहिक कार्यों के बड़े क्षेत्रों में यह शहर या गाँव का शक्ति-सम्पन्न मत बनता जा रहा है उसी तरह समय आने पर शान्ति और समृद्धि के लिए सीमित क्षेत्रों में यह विश्व-मत भी बन सकता है। जनता के लिए जनता द्वारा, जनता की सरकार संसार में सर्वप्रथम बार तभी सम्भव होगी जबकि एक ओर समुदाय के लिए, समुदाय द्वारा, मानवता की सरकार अस्तित्व में लाई जाए। चाहे शारीरिक और सांस्कृतिक समीपता की प्रक्रिया कभी, बालिग विश्व-मत के अपने स्वाभाविक लक्ष्य तक पहुँचे या नहीं, यह विश्लेषण केवल इस बात पर ध्यान दे सकता है कि विश्व-संसद के लिए जिम्मेदार विश्व-सरकार के लिए होने वाली फुसफुसाहट में कभी-कभी कोलाहल की सामर्थ्य दिखाई पड़ती है।

एक विश्व-सरकार अपने-आपको वृथा बना लेगी यदि वह पूँजी के साधनों का एक अन्तरराष्ट्रीय कोष नहीं बनाती। हर देश से उसकी सामर्थ्य के अनुसार लिया जाए और हर देश को उसकी आवश्यकता के अनुसार दिया जाए। यदि यह सूत्र अस्पष्ट लगे तो कोई ऐसा तरीका निकाला जा सकता है जिसके अनुसार कोष में हर देश का हिस्सा उसकी आर्थिक स्थिति के अनुसार कम या ज्यादा हो। तब एक विश्व विकास संस्था समस्त संसार के अविकसित क्षेत्रों में जिसमें अमरीका की मिसौरी घाटी से प्रारम्भ होकर एशिया व अफ्रीका के लगभग सभी देश आते हैं, पूँजीगत प्रसाधनों, मशीनों और मशीनी जानकारी सभी बँटवारा कर सकती है। ऐसे देश जो अधिकतम

देंगे उन्हें न्यूनतम आवश्यकता रहेगी और जिन्हें अधिकतम आवश्यकता रहेगी वे न्यूनतम देंगे, लेकिन यह देने और लेने का सिलसिला निश्चित रूप से विश्वव्यापी पैमाने में फैला हो, ताकि यह मानव-जाति के एकीकरण का प्रतीक बने। पूँजीगत प्रसाधनों के अन्तरराष्ट्रीय कोष का यह विचार अभी सम्भवतः इतना शक्तिशाली नहीं बन पाया है कि जितना विश्व संसद या विश्व-सरकार का।

इस सिलसिले में अभी हाल ही में भारत की संसद में हुई एक बहस और उस पर हुए निरर्थक कोलाहल से काफी प्रकाश पड़ता है। भारतीय कम्युनिस्ट पार्टी और भारतीय सरकार आपस में बुढ़ियों की तरह लड़ी। कम्युनिस्टों ने 'अमरीकी आपसी सुरक्षा कानून' के कुछ अंश उद्धृत करके अमरीकी सुरक्षा के प्रति भारत की अधीनता सिद्ध करना चाहा और भारत सरकार ने सचमुच बुढ़ौती के साथ अमरीकी सहायता सम्बन्धी भारतीय कानून के कलमें उद्धृत करके भारतीय स्वाधानीता सिद्ध करनी चाही। इसके विरुद्ध बर्मा के प्रधानमंत्री यू नू के हाल के एक भाषण का हवाला दिया जा सकता है जिसमें उन्होंने कहा कि वह रूस और चीन से विदेशी सहायता पाने का प्रयत्न उन्हीं शर्तों और स्थितियों में करें जिन पर अमरीका ने बर्मा को सहायता दी है। विदेशी सहायता के प्रश्न को सरल मानवीय भाषा में कहने की आवश्यकता है। इस सम्बन्ध में अभी भी देने वाले में बहुत अधिक भावुकता और अहंकार भरी माँगें रहती हैं और लेने वाले में विभिन्न प्रकार की लघुता की भावना। एक ओर शान्ति और निःशस्त्रीकरण और दूसरी ओर विश्व विकास संस्था के प्रत्यक्ष सम्बन्ध की कुछ हल्की झलकियाँ दिखाई पड़ी हैं। मास्को या न्यूयार्क की सुरक्षा उनकी सैन्य शक्तियों पर इतना निर्भर नहीं करती जितना समस्त विश्व के पैमाने पर विकासशील समृद्धि में। अपनी अर्जित सम्पत्ति बचाने में, गोरी दुनिया के प्रभुराष्ट्रों को अनिवार्य ही रंगीन राष्ट्रों की सहायता करनी पड़ेगी ताकि वे अपने ढंग से न्यूनतम पूँजी इकट्ठी कर सकें। यूरोप-अमरीका में बचाने का अर्थ होगा अफ्रीका-एशिया में बनाना।

जब तक विदेशी सहायता को दोमार्गी, दोतरफा नहीं माना जाता कि लेने व देने वाले दोनों का भला हो सके, तब तक छोटे-छोटे दान करने वाले का ओछा अहंकार और चोरी का सामान लेने वाले की क्रमिक क्षय की ईर्ष्या की भावनाएँ चलेंगी, तब तक समस्त व्यवस्था गन्दी होती रहेगी। इस प्रकार की विदेशी सहायता युद्ध की राह में रुकावट नहीं बन सकती। एकमात्र, विश्व विकास संस्था ही है जो आन्तरिक समीपता की भावना को समस्त विश्व के मंच पर ले जाए और राष्ट्रीय सीमा के भीतर बढ़ते हुए जीवन-स्तर की भावना को बदलकर सारी दुनिया के लिए उन्नत जीवन-स्तर का रूप दे, एक ऐसी विश्व सभ्यता ला सकती है जिसमें गिरावट न आए। लेकिन ऐसे विचारों के मार्ग में भयानक बाधाएँ हैं। राष्ट्र अपनी पलटन बढ़ाने के लिए आसानी से अपनी सुविधाओं को सीमित कर कष्ट उठा लेते हैं क्योंकि यह प्रदर्शन योग्य ढाल दिखाई पड़ती है, और दूसरे राष्ट्रों की समृद्धि के लिए कष्ट नहीं उठा सकते। क्योंकि इससे होने वाली बचत अदृश्य सुरक्षा है और इसीलिए सहज ही स्वीकार्य नहीं होती। क्या मानवीय समझदारी कभी विश्व विकास संस्था की समीपता का नक्शा बनाएगी जो सभ्यताओं के उत्थान और पतन और युद्ध को रोक सकेगी पर इसका पता तो शायद अगला युद्ध समाप्त होने पर ही लगेगा।

मानवीय समानता के लिए एक दूसरा प्रयास धनी राष्ट्रों द्वारा अपने तकनीकी कौशल को पिछड़े हुए देशों के लिए उपलब्ध करने की इच्छा से प्रकट हो रहा है। इस इच्छा की सामान्य अभिव्यक्तियाँ हर प्रकार से उचित नहीं हैं। वे तो सैनिक-सन्धियों की आवश्यकता के साथ जुड़ी हुई हैं जिससे मानवीय कल्याण की इच्छा स्वरक्षा के कुत्सित विचार के अधीन हो गई है। इसके अलावा, समस्त संसार में विस्तृत तकनीकी सहायता के पीछे यह विचार कि यूरोपीय तकनीकी ढंग ही बाकी संसार में लागू किया जा सकता है, बिलकुल गलत है। तकनीकी स्तरों और अनोखी ऐतिहासिक और भौगोलिक स्थितियों का जुड़ा हुआ सम्बन्ध पूरी तरह नहीं समझा जाता, जिससे समस्त संसार के

आर्थिक जीवन में विज्ञान के बुद्धिपूर्ण प्रयोग के अलावा यूरोपीय खेती और उद्योग-धन्धों को अविचारपूर्ण ढंग से दूसरे क्षेत्रों में ले जाने का प्रयास किया जाता है। फलस्वरूप, किसी तरह धनी राष्ट्रों की तकनीकी सहायता देने तथा पिछड़े हुए देशों की यह सहायता लेने की इच्छा का परिणाम समीपता नहीं बल्कि स्वामित्व होता है। इस प्रकार एकतरफा लेने-देने का यह सिलसिला एक ही दिशा में चलता और यह भावना में अनुचित तथा परिणाम में हानिकारक होता है। मानवता अभी तक किसी सभ्यता का विकास करने में सफल नहीं हुई है जो समस्त संसार में फैलाई जाने के योग्य हो। हर जगह से बहुत कुछ सीखा जा सकता है। अन्तरराष्ट्रीय तकनीकी सहायता से एकमार्गी कार्यक्रमों के स्थान पर आज संसार को जिसकी आवश्यकता है, वह है दोमार्गी कार्यक्रम, जिसमें कोई लेने वाला या देने वाला न हो, जिसमें दो या अधिक मानव-समूह एक साथ एक-दूसरे से सीखें व सिखाएँ। अभी तक किन्हीं दो मानव-समूहों के सैद्धान्तिक और आर्थिक सम्बन्धों में ऐसा दोमार्गी लेन-देन का कोई प्रमाण नहीं मिलता। संयुक्त राष्ट्र संघ और उनकी बड़ी शक्तियों के तकनीकी सहायता के कार्यक्रम एकमार्गी सिद्धान्त के गर्वीले विचार पर ही आधारित हैं। लेकिन अब दूसरी ओर झुकाव शुरू हो गया है।

जन-संगठनों और व्यक्तियों ने पुनर्निर्माण के अन्तरराष्ट्रीय दस्तों के ढंग पर सोचना शुरू कर दिया है। समस्त संसार के नर-नारी ऐसे दस्तों में शामिल हो सकते हैं और बिना किसी पूर्वग्रह के कि उन्हें क्या करना है, सीखने और सिखाने की आपसी भावना लेकर अपने घरों की सीमाओं से दूर आकर परिश्रम कर सकते हैं। कुछ छिटपुट व्यक्तियों ने ऐसा करना प्रारम्भ भी कर दिया है। हो सकता है कि यह भविष्य का शुभ संकेत हो। अन्तरराष्ट्रीय समाजवादी युवक संघ जैसे कुछ गैर-सरकारी संगठनों ने इस विचार पर सोचना शुरू कर दिया है। हो सकता है कि भविष्य में कभी संयुक्त राष्ट्र संघ या उसके उत्तराधिकारी संगठन ऐसे अन्तरराष्ट्रीय दस्ते के निर्माण का निर्णय लें। तब यह न केवल तकनीकी बल्कि मानव आत्मा की शाखाओं में आपसी अन्त:प्रक्रिया

और समीपता की ओर प्रयत्न होगा। मानव कल्याण के लिए तकनीकी और आध्यात्मिक मानव कल्याण के दो आधार हैं और अधिकतम कौशल से भिन्न पूर्ण कौशल पर आधारित सभ्यता दोनों की जरूरतों पर ध्यान देगी। बहुत सम्भव है कि एशिया के सन्तुलन से जो पतित होकर मन्द हो गया है, उससे यूरोपीय लोग कुछ सबक लें जिनकी क्रियाशीलता युद्ध में पतित हो रही हैं। यूरोप और एशिया दोनों पतित हो रहे हैं, यद्यपि दोनों के रास्ते भिन्न हैं। एशिया की मन्दता के पीछे सन्तुलन हैं और यूरोप के युद्ध के पीछे क्रियाशीलता है और यदि विभिन्न संस्कृतियों के लोग कार्य और प्रेम में निकट आएँ तो सम्भव है कि यूरोप-अमरीका के लोग युद्ध से छुटकारा ले लें और एशिया के लोग मन्दता से। विभिन्न संस्कृतियों के लोगों के रूप में विभिन्न चरित्रों और स्वभावों का निकट आना जो जान-बूझकर शान्तिपूर्ण घर्षण में हो न कि युद्ध और शासन में, शिक्षा का, व्यक्ति के परिवर्तन का और व्यक्तित्व की सफाई का महत्त्वपूर्ण साधन बन सकता है।

अन्तरराष्ट्रीय सम्बन्धों की भावना और वर्तमान ढाँचे की पृष्ठभूमि में मानव-जाति की समीपता का यह क्रम बहुत महत्त्व का नहीं है। संसार में एक ओर अमरीका और रूस है, जहाँ क्रमशः ग्यारह करोड़ और साढ़े तीन करोड़ टन इस्पात की वार्षिक पैदावार और अमरीका में प्रति व्यक्ति दो सौ अंडे और दो सौ सेर दूध से अधिक की खपत है और दूसरी ओर भारत है जहाँ इस्पात की वार्षिक पैदावार बारह लाख टन है और तीन सेर दूध व तीन अंडे प्रति व्यक्ति की खपत है। भारत, संसार की रंगीन आबादी के लगभग सभी देशों की सच्ची तसवीर उपस्थित करता है। यही स्थिति संयुक्त राष्ट्रों के घोषणा-पत्र में भी दी गई है जिसने संसार को बड़ी व छोटी शक्तियों में बाँटा है—चार द्विज राष्ट्र और छप्पन से अधिक शूद्र राष्ट्र। अन्तरराष्ट्रीय वर्ण-व्यवस्था को कानूनी मान्यता दे दी गई है। वास्तव में मानव-मस्तिष्क एक पेचीदा यंत्र है कि आन्तरिक वर्ण-व्यवस्था के विरुद्ध न्याय के लिए अपनी सारी शक्ति लगाकर भी अन्तरराष्ट्रीय वर्ण-व्यवस्था के अन्याय को बिलकुल देख

और समझ ही न पाए। मानव-मस्तिष्क में एक ओर प्रकाश और दूसरी ओर अन्धकार की यह विशेषता ही इतिहास के चक्र की चालक और दुखद निराशा का कारण रही है। वर्तमान सम्बन्धों का ढाँचा उस भावना में स्पष्ट होता है जो अन्तरराष्ट्रीय व्यवहार की पृष्ठभूमि के पीछे रहती है। साधारणतया समस्त संसार में राजनीतिक लोग जो राष्ट्रीय स्तर पर प्रभावशाली हैं, अन्तरराष्ट्रीय स्तर पर दुष्ट हैं और साथ-ही-साथ जो अन्तरराष्ट्रीय क्षेत्र में अच्छे हैं, राष्ट्रीय क्षेत्र में अयोग्य हैं। यह केवल संकुचित राष्ट्रीयता की पराकाष्ठाओं में ही सत्य नहीं है बल्कि समस्त वर्तमान राजनीति में यह गुण अपने मूल रूप में पाप की तरह है। अन्तरराष्ट्रीय चेतना के विकास के प्रति राष्ट्रीय राजनीति का आधार ही उदासीन है। आधुनिक मानव के विचार और कर्म में राष्ट्रीय आजादी और रोटी का पोषण इस प्रकार नियोजित हुआ है कि वह समस्त संसार की शान्ति व रोटी के विरुद्ध है। आधुनिक सभ्यता इस मूलभूत पाप पर काबू पाकर, मानवी समीपता को पा सकेगी या नहीं, इसका आंशिक उत्तर सम्भवतः उसकी चालक शक्तियों और उद्देश्यों का अध्ययन करके दिया जा सके।

आधुनिक सभ्यता का अर्थ

एक बार मैंने अमरीका के एक दार्शनिक, स्कॉट बुकानन से पूछा कि आधुनिक सभ्यता के क्या अर्थ हैं। उस समय मेरे सामने पेरिस की ऊँची और भव्य इमारतें खड़ी थीं और पेरिस निवासी स्वस्थ और सुन्दर शरीर वाले नर-नारियों का झुंड मेरे सामने विचर रहा था और मैं मन-ही-मन कुछ उदास हो रहा था क्योंकि मुझे अपने देश, एशिया और अफ्रीका की दशा की याद आ गई। इस प्रश्न में आत्मचिन्तन अधिक था। इस आधुनिक सभ्यता का रहस्य क्या है? यह रहस्य है कहाँ? यह बात है कि जिसने यूरोप और उसके उत्तराधिकारी अमरीका को सब बना लेने में समर्थ बनाया? उस समय हम लोग एक चायखाने में थे, जिसके सामने ही मैग्डेलीन का गिरजा था। ईसा और मैग्डेलीन की कहानी कौन नहीं जानता! मैग्डेलीन जिसे ईसा के छूने से पहले, संसार एक वेश्या कहता था फिर बाद में उनकी एक सन्त की भाँति पूजा करता आया है। इस गिरजा का निर्माण भी मैग्डेलीन के प्रति आदर और स्मृति में किया गया था। जिसकी सुन्दर और महान कथा यही बताती है कि हर कोई एक दूसरे के बराबर है

और एक सन्त या एक वेश्या मूलरूप में एक ही हैं। मेरे प्रश्न के उत्तर में बुकानन ने जो कुछ किया वह यह कि उसने गिरजा की ओर इशारा किया, जो मैग्डेलीन की कहानी कह रहा था, जो दो हजार वर्षों पूर्व हुई थी लेकिन जहाँ अठारह सौ वर्ष बाद पेरिस की सर्वश्रेष्ठ सुन्दरी को विवेक की देवी की उपाधि से विभूषित किया गया था। ये फ्रांसीसी क्रान्तिकारी अनीश्वरवादी थे। उन्होंने पादरियों, गिरजों और ईश्वर से भी मुक्ति पा ली थी। यूरोपीय सभ्यता के यही दो रहस्य रहे हैं, मानवीय प्रतिष्ठा में आध्यात्मिक विश्वास और विज्ञान में बौद्धिक विश्वास, दोनों एक हद तक चलकर एक बिन्दु पर एक-दूसरे को काट देते हैं। आधुनिक यूरोपीय आत्मा ने दोनों रहस्यों को प्रकट करने का प्रयत्न किया और जहाँ तक दोनों की आपसी प्रक्रिया से उसे सहायता मिलती रही है, उनका मौलिक विभेद हमेशा ही बना रहा और अब तो बिलकुल स्पष्ट रूप से प्रकट है। प्रतिष्ठा और विज्ञान के इस द्वैतवादी प्रयत्न और उसकी उपज स्वरूप तनाव और शक्तियों के विचार में बहुत कुछ तथ्य हो सकता है। इन शक्तियों का परिणाम ठोस सफलताओं के रूप में निकला और प्रारम्भ में ही जो नष्ट हो सकीं उसका कारण यह हो सकता है कि यूरोप ने विज्ञान की अपेक्षतया अद्वैतवादी भक्ति के सामने सिर झुकाया, विज्ञान साधारण रूप में नहीं बल्कि अपने विशिष्ट रूप में, जिसे उसने अपने ऐतिहासिक क्रम से विकसित किया। विज्ञान, विशेष रूप से अपने व्यावहारिक रूपों में विशिष्ट ऐतिहासिक स्थिति से अनिवार्य ही सम्बन्धित होता है और आधुनिक युग के अज्ञान का यह भी एक चिन्ह है कि वैज्ञानिक दृष्टिकोण और उसके ठोस प्रयोगों को अक्सर पर्यायवाची माना जाता है। यूरोपीय सभ्यता सम्भवत: अब अपने इस द्वैतवाद पर और अधिक जोर नहीं दे सकती।

सभ्यता की ऐसी व्याख्याओं से उस पर अचानक बड़ा प्रभाव पड़ता है पर तत्काल ही अन्धकार आ जाता है अत: ऐसी व्याख्याएँ पूर्णतया सन्तोषजनक नहीं होतीं। जीवन की भौतिक सुविधाओं के साथ प्रतिष्ठा और बराबरी की चाह सभी सभ्यताओं में एक जैसी होती है, जैसे जीवन के अर्थ की खोज की

प्यास। किसी विशेष सभ्यता की विशेषताएँ प्रतिदिन की बातों का अध्ययन करने से प्रकट होती हैं। यद्यपि मैग्डेलीन के गिरजे जैसी कथाओं का विरोधाभास भी एक व्यापक रूप में विशिष्टता प्रकट करता है। आधुनिक सभ्यता की विशिष्टता एक अनोखे बुद्धिवाद, उद्योग और खेती में विज्ञान के विशेष प्रयोग द्वारा बनती हैं। इस सभ्यता का एक क्रान्तिकारी तकनीकी ढंग रहा है जिसमें लगभग प्रतिदिन औजार बदले जाते हैं और उत्पादन में निरन्तर प्रगति बनी रहती है। यहाँ तक कि आज भी ऐसे देश जो पिछड़े नहीं हैं जैसे रूस और अमरीका, वहाँ तकनीकी ढंग अभी भी क्रान्तिकारी है। मानव की अन्य कोई सभ्यता इससे परिचित नहीं रही। औजार कठिनाई से कभी बदले जाते थे। भारतीय किसान का हल आज भी वही है जो दो सौ वर्ष पहले था लेकिन पिछले तीन सौ वर्षों में पश्चिमी यूरोप निरन्तर अपने औजार बदलता रहा है और उन्हें संख्या में बहुगुणित करता रहा है। मानव इतिहास के पिछले दो सौ वर्षों में औजारों की निरन्तर बढ़ोतरी होती रही है और उनमें सतत सुधार व नवीनता जुड़ती रही है। यह सभ्यता खेती और उद्योग में विज्ञान के एक विशेष ढंग के प्रयोग के फलस्वरूप क्रान्तिकारी तकनीकी ढंग की सभ्यता है। ऐसे विज्ञान के बड़े पैमाने पर पैदावार, बराबर बढ़ती संख्या में बड़े कारखानों का निर्माण और पूँजी का बढ़ता केन्द्रीकरण हुआ है, जिसमें हर मजदूर के पीछे लगी हुई पूँजी निरन्तर बढ़ती जाती है।

ऐसे विज्ञान से संचालित यह सभ्यता सामूहिक रूप से बढ़ते हुए उत्पादन और व्यक्तिगत रूप से रहन-सहन के उठते हुए स्तर को लक्ष्य करती है। इस सभ्यता के सभी कर्मशील और शासक राष्ट्र राष्ट्रीय उत्पादन और रहन-सहन के स्तर की बढ़ोतरी की कल्पना से मोहित होते हैं। अपने मन के अन्तरतम में इस सभ्यता के मनुष्य को चालित करने वाली तथा जीवन का अर्थ देने वाली इच्छा वह है जो एक सुन्दर घर, स्त्री, पति और बच्चों के सम्बन्ध में होती है। हो सकता है कि पिछली सभ्यताओं में परिवार शान्ति और सामाजिक बचाव का आश्रय रहा हो लेकिन वह आज की तरह सशक्त प्रभाव डालने में

समर्थ नहीं हो सकता था। यह आधुनिक मानव को आर्थिक परिश्रम के लिए प्रेरित करता है ताकि वह स्त्री और बच्चों के लिए एक सुन्दर मकान प्राप्त कर सके और इस प्रकार बढ़ते हुए राष्ट्रीय उत्पादन का राष्ट्रीय लक्ष्य और बढ़ते हुए रहन-सहन के स्तर का व्यक्तिगत लक्ष्य अन्ततोगत्वा परिवार की इच्छा के साथ जुड़े हुए हैं। अन्तिम विश्लेषण में क्रान्तिकारी तकनीकी ढंग की भावनात्मक आधार घर की इच्छा ही है। अपने भावनात्मक दृष्टिकोणों में रूसी और अमरीकी दोनों का निश्चित रूप से एक-सा ही रुख है। इससे कोई अन्तर नहीं पड़ता कि दोनों समाजों में सम्पत्ति पर अधिकार की व्यवस्था में जितनी भी भिन्नता हो पर एक रूसी और अमरीकी का अन्तरतम एक आरामदेह घर और रहन-सहन के बढ़ते हुए स्तर जिस पर एक उठते हुए राष्ट्रीय उत्पादन का समस्त सामाजिक ढाँचा निर्भर करता है, की इच्छा से ही चालित होता है। किसी भी पिछली मानव सभ्यता ने आधुनिक मनुष्य के इस भावात्मक दृष्टिकोण के समान कोई चीज नहीं जानी और आधुनिक सभ्यता के इस विशेष लक्षण में पूँजीवाद अमरीका और साम्यवादी रूस जुड़वाँ भाई हैं।

राष्ट्रीय अर्थनीति और व्यक्तिगत भावना के आधार के साथ विश्व-शान्ति और समानता की अस्पष्ट भावना जुड़ी हुई है जो आधुनिक मानव के चरित्र-चित्रित करती है। ऐसी अस्पष्ट भावनाओं ने अवश्य ही पूरे इतिहास में मनुष्य को प्रेरित किया है, लेकिन पहली बार उन्होंने आधुनिक सभ्यता में बुद्धिवादी-सा दिखने वाला आधार प्राप्त किया है। पूँजीवाद और साथ-ही-साथ साम्यवाद ने उस स्वर्ण-युग की कल्पना की है और आज भी करते हैं जब बढ़ते हुए औद्योगीकरण, बढ़ते हुए रहन-सहन के स्तरों और बढ़ते हुए राष्ट्रीय उत्पादन से समस्त संसार एक गहरी मित्रता के बन्धन में बँध जाएगा और युद्ध समाप्त हो जाएँगे। पिछली दो शताब्दियों में यूरोपीय लोगों के रहन-सहन के स्तरों की ठोस बढ़ोतरी ने उन्हें विश्वास दिलाया है कि स्वाभाविक ढंग से समाज राष्ट्रीय स्तर पर एक सामाजिक और आर्थिक समानता की ओर विकसित हो रहा है और समय आने पर संसार के स्तर पर यही सम्भव हो सकेगा। यह

मान लिया गया है कि बढ़ते हुए तकनीकी विकास और विश्वव्यापी बाजार की ओर अपनी प्रगति में आधुनिक सभ्यता, औपनिवेशिक देशों में भी आर्थिक पिछड़ेपन को दूर कर देगी और अपने लाभों को सारे संसार में फैला देगी। खेती और उद्योग में विज्ञान का स्थायी क्रान्तिकारी प्रयोग पूँजी के बढ़ते हुए केन्द्रीयकरण के साथ, एक बढ़ता हुआ सामूहिक राष्ट्रीय उत्पादन और एक व्यक्तिगत रहन-सहन की बढ़ोतरी और एक बुद्धिवादी-सा लगने की चाह, समस्त संसार में सामाजिक समानता और शान्ति, आधुनिक सभ्यता की विशेष देन रही है।

लेकिन यह सभ्यता अब अपने अन्तिम छोर पर पहुँच गई है। इसने समस्त संसार में फैलने की अपनी शक्ति खो दी है। शायद इसमें पिछली सभ्यताओं की तरह यह शक्ति कभी रही ही नहीं है और सार्वभौमिकता के गुण की जो आशाएँ पहले इससे जगी थीं अब भ्रामक सिद्ध हो चुकी हैं। यूरोप की औद्योगिक क्रान्ति और उसके बाद के परिणाम एक अनोखी ऐतिहासिक स्थिति में अन्तर्निहित थे और एशिया व अफ्रीका में उसके दुहराए जाने में असमर्थता थी। बहुत ही कम जमीन और बहुत कम औजार एशिया की विशेषता है, इसलिए बड़े पैमाने के उत्पादन के ढंग का प्रयोग पूर्णतया असम्भव है। भारत में आबादी का घनत्व प्रति वर्गमील तीन सौ व्यक्ति से अधिक है जबकि रूसी घनत्व अभी भी बीस व्यक्ति प्रति वर्गमील नहीं पहुँचा है। रूस की भाँति रोटी का प्रश्न हल करने की हवाई चर्चाएँ तीन सौ के विरुद्ध बीस के इन ठोस आँकड़ों की दृष्टि में निरर्थक हैं। राजनीतिक और आर्थिक सिद्धान्तों का सम्बन्ध ठोस ऐतिहासिक स्थितियों में होना चाहिए और इससे अधिक विडम्बना और कोई हो नहीं सकती कि पूँजीवाद, या साम्यवाद या समाजवाद को भी इतिहास और भूगोल से असम्बद्ध रखकर सोचा जाए। वर्तमान तकनीकी ढंग, जो बाकी संसार पर यूरोपीय सभ्यता के साम्राज्यवादी नियंत्रण के कारण सम्भव हुआ, अब स्वीकार्य नहीं है। उदाहरण के लिए, यूरोप में उद्योग-धन्धों के विकास का आधार, वेस्मर विधि तभी लागू की जा सकी जब स्वेज नहर खुली और स्वेज नहर समृद्धि

का साधन तब बनी जब भारत की खेती के एक अंग का व्यवसायीकरण कर दिया गया। यह ऐतिहासिक क्रम इस ढंग से चला कि पश्चिमी यूरोप की हर औद्योगिक और तकनीकी प्रगति के साथ पूँजी का केन्द्रीकरण अधिक बढ़ा, साम्राज्यों और उपनिवेशों के सम्बन्धों में भी तदनुकूल परिवर्तन हुए। आधुनिक यूरोप का तकनीकी ढंग मूलतः एक साम्राज्यवादी तकनीकी ढंग है और आज के तात्पर्य में समस्त संसार में लागू होने में असमर्थ है, जब तक कि अन्य ग्रहों में बहुत से उपनिवेश न खोज लिये जाएँ।

आधुनिक सभ्यता अपने प्रभुता वाले क्षेत्रों में भी अपने अन्तिम छोर पर पहुँच गई है। यूरोपवासी अपने रहन-सहन के स्तरों की बढ़ोतरी की भूख को मिटाने में अब असमर्थ हैं। क्योंकि गत चालीस वर्षों से और अधिक फ्रांस स्थिरता में अटका रहा है। गत लगभग बीस वर्षों से इंग्लैंड रहन-सहन के स्तरों के सन्दर्भ में अपने उत्पादन में कोई वृद्धि नहीं कर सका है। इस सभ्यता का राजा और गौरव, पश्चिमी यूरोप में भी दौड़ में बहुत पीछे रह गया है और आज लगभग उसी स्थिति में है जैसी स्थिति उसके प्रति गत दो शताब्दियों में एशिया की रही है। यूरोप के प्रति एशिया जो भावना रखता था आज उसी भावना का अनुभव अमरीका के प्रति यूरोप कर रहा है। अपने विकास के प्रथम और मुख्य स्थान में आधुनिक सभ्यता अपनी अन्तिम छोर पर आ गई है और तकनीकी ढंग अब अधिक क्रान्तिकारी नहीं रह गया, और उपभोग योग्य राष्ट्रीय उत्पादन में वृद्धि नहीं होती, यद्यपि जीवन-स्तर में बढ़ोतरी की चाह सतत बनी रहती है, परन्तु अब प्रयत्न केवल इस बात का है कि वर्तमान स्तरों को अधिक-से-अधिक परिश्रम करके और कष्ट सहकर भी बनाए रखा जाए। इसके अलावा आधुनिक सभ्यता के गोरे लोगों में इस सीमा तक आर्थिक और सामाजिक समानता तो प्राप्त कर ली गई है कि सभी पिछले सभ्यताओं को उनके सम्मुख झुकना पड़ेगा, परन्तु मूल स्रोत अब सूखता मालूम पड़ता है। व्यक्ति की शान के रूप में जो शुरू हुआ था वह एक अंक या एक बिल्ले से अधिक कुछ नहीं। यूरोप में व्यक्ति उसी स्थिति में ला दिया गया है। वह एक

कैदी की स्थिति में ही एक अंक नहीं है बल्कि जीवन के सभी अंगों में उसकी यही स्थिति है। व्यक्ति की शान व प्रतिष्ठा से शुरू करके लगता है कि यह सभ्यता पूरा चक्कर लगा चुकी है और उस स्थिति में वापस आ गई है जब व्यक्ति सामूहिक मशीन के एक छोटे पुर्जे से अधिक कुछ नहीं रह गया। हो सकता है कि सामाजिक और आर्थिक समानता की प्यास में आधुनिक सभ्यता आध्यात्मिक समानता की बात भी भूल गई। अब वह अपने ही बोझ से टूट रही है, जैसे पहले की मानव सभ्यताओं ने जिन्होंने आध्यात्मिक समानता की बेजोड़ ऊँचाइयाँ प्राप्त कीं और बाद में अपनी कमर तोड़ ली क्योंकि वे सामाजिक और आर्थिक विषमताओं की भयानक बुराइयों में गर्त हो गई। यदि पिछली सभ्यताएँ सामाजिक विषमता और आध्यात्मिक समानता के अनमेल के बोझ से टूटीं, तो आधुनिक सभ्यता, सामाजिक एकता और आध्यात्मिक विषमता के अनमेल के बोझ से टूट रही हैं। क्योंकि क्रान्तिकारी तकनीकी ढंग के अत्यधिक विकास से आधुनिक मानव ऐसी मानसिक स्थिति में पहुँच गया है जब वह अन्य मानवों के साथ प्रत्यक्ष और निकट का अपमान अनुभव नहीं कर पाता।

आधुनिक सभ्यता, इससे मतलब नहीं कि इसकी प्रारम्भिक प्रेरणाएँ क्या रही हैं, अब एक ऐसी उलझी हुई व्यवस्था बन गई है जिसमें अल्पमात्र लाभ का उत्पादन, अल्पमात्र उत्पादन के औजार, अल्पमात्र अप्रत्यक्ष व्यवहार का लोकतंत्र और यहाँ तक कि अल्पमात्र औचित्य का वर्ग-संघर्ष होता है। आधुनिक सभ्यता में नियंत्रण और रोक भी तात्कालिक नहीं बल्कि दूरस्थ होते हैं। चाहे कारखाने की पैदावार, या वर्ण-संघर्ष या प्रजातंत्र के सम्बन्ध में यह विचार कसौटी पर कसा व सिद्ध लगता है। वर्ग-संघर्ष को इतनी बुरी तरह विकृत किया गया है कि गलती का परिणाम सचाई, हत्या का स्वास्थ्य, प्रजातंत्र की मौत का, प्रजातंत्र की पूर्णता और राष्ट्रीय स्वतंत्रता का बलिदान का विश्व एकता और इसी तरह के उदाहरणों से सिद्ध किया जा सकता है। ऐसे समय में तत्कालीन परख की कसौटी को मनुष्य छोड़ देता है और भविष्य में आने वाले स्वर्ण-युग की बात सोचने लगता है। उस स्वर्ण-युग की सेवा में

मनुष्य सभी तात्कालिक औचित्यों का बलिदान करने को प्रस्तुत हो जाता है और अल्पमात्र कसौटी का सेवक बन जाता है। अच्छे लक्ष्य की प्राप्ति की ईमानदार पर झूठी आशा में बुराई के साथ भयानक जुआ खेला जाता है। नई सभ्यता अल्पमात्र व दूरस्थ कसौटियों के विश्वास को समाप्त कर देगी और जो कुछ भी है उसी में साक्षात्कार का सिद्धान्त लागू होगा।

सम्भवत: अल्पमात्र कसौटियों पर अपने अटल विश्वास के कारण ही आधुनिक संसार के भयावह आधार की द्विविधाओं और विरोधों को जन्म दिया है, जैसे विषय और प्रवृत्ति, व्यक्ति और समाज, रोटी और संस्कृति आदि-आदि। ऐसे जोड़ों में अन्तर्निहित विरोधाभास एक नकली और अस्वाभाविक विरोधाभास है। जहाँ तक विषय और प्रवृत्ति का प्रश्न है, मुझे कोई विरोधाभास नहीं लगता अलावा इसके कि मुझे आमतौर पर भौतिकवादियों के बीच परेशानी अनुभव होती है जब मैं अध्यात्मवादी बनना चाहता हूँ और साथ ही अध्यात्मवादियों के बीच उतना ही पेरशान होता हूँ जब मैं भौतिकवादी की तरह सोचता हूँ। यह द्विविधाएँ आज के आधुनिक मस्तिष्क की भयानक बीमारी है जिसने कई दैत्य विचार पैदा कर लिये हैं जिनका संहार करने में वह असमर्थ है। ये द्विविधाएँ इस कारण उत्पन्न हुई हैं कि साक्षात्कार की उपेक्षा की गई है, और इतिहास कथाओं को झुठलाता है और कथाएँ इतिहास को झुठलाती हैं।

भारत में भला ऐसा कौन है जो अशोक या बुद्ध या अन्य ऐतिहासिक व्यक्तियों की अपेक्षा राम और शिव की कथा अधिक विस्तार से नहीं जानता। राम सम्भवत: काल्पनिक व्यक्ति थे और शिव तो निश्चित ही ऐसे थे फिर भी भारतीय लोगों के दिमाग पर वे कितना अधिक प्रभाव अधिकार रखते हैं। उनके प्रभाव की तुलना में ऐतिहासिक व्यक्ति कुछ नहीं हैं। दूसरे देशों में भी कथाएँ और पौराणिक गाथाएँ हैं। यूरोपियनों के लिए एक अपोलो और एक डायनोसियस या एक कोई स्थानीय ब्रुनहिल्दे है। कभी-कभी ऐतिहासिक व्यक्ति की कल्पना की आग में पड़कर पौराणिकों में परिवर्तित हो जाते हैं। अरब के हुसैन ऐसों में एक हैं, उनका ऐसा प्रभाव है कि शिया लोगों में उनके प्रति

ईश्वर से भी अधिक श्रद्धा और बलिदान की भावना है। शिया शायद ईश्वर की निन्दा सुन ले लेकिन किसी को कभी उसकी उपस्थिति में हुसैन की निन्दा करने की भूल नहीं करनी चाहिए। ऐसी भी कथाएँ और पौराणिक गाथाएँ हैं जिनका मानव-मस्तिष्क ने समस्त संसार में सृजन किया है।

मैं व्यक्तिगत रूप से स्वयं शिव की कथा के प्रति सबसे अधिक आकर्षित रहा हूँ, शायद इसलिए कि मानव-मस्तिष्क की जानकारी में वह एकमात्र असीम व्यक्तित्व वाले हैं या इसलिए कि उनके सभी कार्यों का अपना औचित्य होता है या उनके पार्वती के साथ सम्बन्ध के असंख्य रूपों और रंगीन छवियों के कारण। स्त्री और पुरुष के बीच प्रेम की इससे अधिक भड़कीली और आकर्षक कथा मैं तो नहीं ही जानता। शायद यह प्रेम देवी और देवता के बीच था, पर इससे कोई अन्तर नहीं आता। स्त्री और देवी में अधिक अन्तर नहीं है और यदि किसी को सन्देह हो तो उसे काहिरा के अजायबघर में जाकर देखना चाहिए जो अति प्राचीन पर उद्वेलित कर देने वाली वस्तुओं और स्मृतियों का अतुलनीय भंडार है। चार हजार वर्ष या अधिक पहले मरने वाले तुतंखमान की कब्र पर, जिसका शरीर अभी भी ताबूत में बन्द है, शोक के कारण गम्भीर मुद्रा में लेकिन अनुपम सौन्दर्य के साथ एक पाँव थोड़ा-सा उठाए देवी आइसिस की छोटी-सी लुभावनी मूर्ति देखकर रक्त में एक पागलपन समा जाता है जिसकी कोमल भावुक उष्णता बहुत बाद तक बनी रहती है। कोई भी व्यक्ति यही सोचेगा कि 'मानव शूरता दिखाते हैं और ईश्वर व्यभिचार।' इनके कथाओं और पौराणिक गाथाओं में ऐसा क्या आकर्षण है जिससे इतिहास में दिए गए स्थान से अधिक ऊँचा स्थान उन्हें मस्तिष्क में मिल जाता है। ये कुछ ऐसी अमरत्व की बात कहती हैं जो चाहे अपना रूप व आकार बदल ले पर सार रूप में अनन्त काल तक वही रहेगी। वे प्यार और सहानुभूति, करुणा और भावना में एकता और जो कुछ भी है, सब प्राप्त करती हैं।

प्रत्येक क्षण दोनों हैं—प्रवाह और स्थायित्व। अब तक मानव ने क्षण के इन दो अलग स्वरूपों को एक में मिलाने की भूल की है। इतिहास के सभी

दार्शनिकों ने जिन्होंने आने वाले स्वर्ण-युग के बारे में सोचा है उन्होंने क्षण को केवल प्रवाह या गति के रूप में लिया है और वे इसके स्थायी स्वरूप के बारे में भूल रहे हैं। सभी नीतिज्ञ जिन्होंने व्यक्ति के चरित्र और उच्च आदर्शों के बारे में उपदेश देने का प्रयत्न किया है, उन्होंने क्षण को केवल स्थायी मानकर सोचा है और उसे प्रवाह के रूप में देखने से चूके हैं। लेकिन क्षण प्रवाह और स्थायित्व दोनों हैं। जब वह प्रवाह है, वह इतिहास के क्षेत्र में है जहाँ चालक शक्तियाँ खोजी जा सकती हैं, और बढ़ाई या घटाई जा सकती हैं। जब वह स्थायी है, वह कथाओं और पौराणिक गाथाओं, कला और साहित्य, धर्म और दर्शन के क्षेत्र में है। इतिहास की कोई भी व्याख्या जो अपने को केवल यथार्थ घटनाओं तक ही सीमित रखती है, निश्चित ही एकांगी है। यदि इतिहास जीवन का महान गद्य है, तो कथाएँ और पौराणिक गाथाएँ उसका काव्य हैं। और पौराणिक गाथाओं के लिए कथाएँ वही हैं जो महाकाव्य के लिए गीत। जीवन के महान गद्य से बहुत कुछ सीखा जा सकता है और उसके वर्णन में परम्परा भी हो सकती है। लेकिन यह परम्परा कम महत्त्व की है, जब तक उसे एक ऐसे तत्त्व से चमकाया नहीं जाता जो इतिहास के क्षेत्र से बाहर है। इतिहास को युगों में बाँटने का दृष्टिकोण अब भी उचित सिद्ध हो सकता है, न केवल उस गद्य से जिससे वह बना है बल्कि उस दुखद स्थिरता से भी जिसने चक्र-सिद्धान्त को जन्म दिया। मनुष्य की नियति को केवल इतिहास के पृष्ठों में ही नहीं पढ़ना होगा, बल्कि हर क्षण के अशेष अमरत्व में भी जो बड़ी भव्यता के साथ ऐसी कहानियों में अंकित है जो कभी घटित नहीं होतीं पर वे शाश्वत और सत्य हैं। यदि मनुष्य को इतिहास में रहना सीखना है तो उसके बाहर रहने की भी उसे उतनी ही आवश्यकता है।

यदि मानवता के लिए यह सम्भव होता कि अपने जीवन में क्षण के इन दो पहलुओं को मिला सके और एक नई सभ्यता का निर्माण कर सके तो वह सचमुच एक स्वर्ण-युग का अधिकारी होता लेकिन तब यह स्वर्ण-युग पूरी तरह भविष्य का ही न होता। भविष्य में मानव-विकास के स्वर्ण-युग का यह विचार एक

लालची मनुष्य की कल्पना के सिवा कुछ नहीं जो वर्तमान में अपने को अस्पष्ट भविष्य में धनी बनने की आशा में झुठलाता हो। यह विचार क्षण के स्थायी रूप को पूरी तरह अस्वीकार करता है, व्यक्ति के महत्त्व को भी अस्वीकार करता है जबकि उसका पहले की कला और साहित्य, कथाओं और गाथाओं, धर्म और दर्शन में समावेश हो चुका है। क्योंकि, व्यक्ति का कोई महत्त्व नहीं कि वह किस देश व युग का है, सौन्दर्य और विश्वास और प्रेम के आदर्शों और आकांक्षाओं को व्यक्त करना चाहेगा और करुणा और सहानुभूति और एकात्मकता की ओर बढ़ने के प्रयत्न करेगा। मानव-जीवन के ये मापदंड इतिहास के क्षेत्र के बाहर हैं और केवल कोई मूर्ख ही उन्हें उसमें बलात् ठूँसने का प्रयत्न करेगा।

हम सचमुच एक स्वर्ण-युग की ओर बढ़ सकते हैं। यदि हम उस स्वर्ण-युग को तत्काल पाने का प्रयत्न करें। जिस सीमा तक हम उसे तत्काल पा लेते हैं और साक्षात्कार के सिद्धान्त को व्यवहार में लाते हैं, क्षण के प्रवाह रूप और क्षण के स्थायी रूप के बीच की जोड़ने वाली कड़ी भी बनाई जा सकती है। यदि उन्हें दो भिन्न श्रेणियों में रखा जाता है, एक को प्रवृत्ति के क्षेत्र में और दूसरे को विषय के क्षेत्र में तो हमारे ऊपर महान दुर्भाग्य और विनाश टूट पड़ सकता है। वे आवश्यक रूप से एक दूसरे से जुड़ें, और दोनों को जोड़ने वाली कड़ी साक्षात्कार का सिद्धान्त है। वर्ग-संघर्ष में साक्षात्कार, उत्पादन में साक्षात्कार, विश्व संसद में साक्षात्कार, समीपता में साक्षात्कार, साक्षात्कार के इस सिद्धान्त के अनुसार हर काम का औचित्य स्वयं उसी में होता है और यहाँ और अभी जो काम किया जाता है उसका औचित्य सिद्ध करने के लिए बाद के किसी काम का उल्लेख करने की आवश्यकता नहीं। जबकि हर काम का औचित्य उसी में होना चाहिए, इतिहास की चालक शक्तियों को समझने की और उनमें जो सहायक हो उन्हें मनुष्य के भाग्य के हित में बढ़ाने की भी उतनी ही आवश्यकता है। करुणा और क्रान्ति को आपस में एक दूसरे से जुड़ना है और किसी एक या दूसरे के प्रति कोई भक्ति व पक्षपात आध्यात्मिकता और साथ ही भौतिकता पर वज्रपात करेगी।

सुदूर भविष्य के स्वर्ण-युग में जो विश्वास रखते हैं वे अक्सर एक अद्भुत भ्रम के शिकार होते हैं और इस कारण उच्चादर्शों के लिए नीच काम करते व सोचते हैं कि इन नीच कार्यों का औचित्य सुदूर भविष्य की उपलब्धि में है। वह स्वर्ण-युग कभी नहीं आएगा। लेकिन यदि हम अपने कामों में साक्षात्कार का सिद्धान्त जोड़ें, चाहे पैदावार के सन्दर्भ में या वर्ग-संघर्ष के, चाहे वर्ग-विहीन और वर्ग-विहीन समाज की स्थापना के सन्दर्भ में या ऐसी मानवता के सन्दर्भ में जिसमें शक्ति और समृद्धि के क्षेत्रीय बदलाव न हों तो क्षण के प्रवाह और स्थायित्व को जोड़ना सम्भव हो सकता है। अभी और यहाँ स्वर्ण-युग की प्राप्ति के प्रयत्न में सम्भवत: हम अगली पीढ़ी के लिए वह स्थिति सम्भव बना सकें कि जिसमें युद्ध और गरीबी और भय समाप्त हो सके।

सम्पूर्ण कौशल

कोई भी पिछली सभ्यता कभी भी ऐसा न कर सकी कि अपनी राह बदल ले और अपनी प्रारम्भिक दिशा में अधिकतम कौशल से सभी दशाओं में सम्पूर्ण कौशल में बदलाव करे। सम्पूर्ण कौशल प्राप्त करने के लिए एक सभ्यता को सम्पूर्ण मानवता और सम्पूर्ण व्यक्ति के लिए योग्य होना होगा। पिछली मानव सभ्यताएँ इन दोनों ही में विकसित होने में असमर्थ रहीं। उनमें से प्रत्येक ने अपने ही लोगों के लिए सम्पूर्ण कौशल प्राप्त करने का प्रयत्न किया ताकि वह सभ्यता और उसके वाहक बाहरी दुनिया से विरोध करके उस पर अपना प्रभाव डाल सकें। इस कौशल की प्रकृति और रूप बराबर बदलते रहे लेकिन उस सभ्यता के विशिष्ट लोगों और बाहरी दुनिया के बीच कठघरे समाप्त न हो सके और इसलिए शक्ति और समृद्धि के क्षेत्रीय बदलाव के स्थान पर अपेक्षाकृत समान सुविधाओं का एक संसार भी न बनाया जा सके। इसी प्रकार, किसी भी मानवी सभ्यता में व्यक्ति के विकास की सम्भावनाएँ उसी हद तक रहीं जिस हद तक समूह विशेष के अधिकतम कौशल के लिए आवश्यक थीं। ऐसी

प्रतिभाओं और अन्तर्दृष्टियों का जो किसी विशेष सभ्यता के कौशल के लिए अनावश्यक थीं, साधारणतया कोई प्रयोग नहीं हुआ। इसीलिए व्यक्तित्व का पूर्ण विकास कभी नहीं हुआ। व्यक्तित्व के एक या दूसरे भाग का अधिकतम विकास सम्भवतः हुआ हो परन्तु सम्पूर्ण अंगों को कभी छुआ नहीं गया। वर्तमान सभ्यता और इसके भविष्य का सम्पूर्ण कौशल की इन दो पद्धतियों द्वारा अवश्य ही परीक्षण करना होगा।

वर्तमान सभ्यता का अत्यन्त ठोस चारित्रिक गुण इसका पूँजी-निर्माण है। यदि समस्त मानवता को इस सभ्यता के वाहकों के रूप में ही बनाना हो तो जितनी पूँजी की आवश्यकता होगी, वह आर्थिक सम्भावनाओं की दृष्टि से बहुत अधिक होगी। यदि मानवता को अमरीका की तरह बनाना हो तो पन्द्रह खरब रुपयों की पूँजी की आवश्यकता होगी और पश्चिमी यूरोप की तरह बनाने में भी इससे आधी पूँजी की आवश्यकता होगी ही। दबे हुए राष्ट्रों के लिए यह सम्भव न होगा कि ऐसे प्रयत्न स्वयं कर सकें। प्रभु-राष्ट्र ऐसे प्रयत्न के लिए इच्छा नहीं जुटा सकते, चाहे वे एक शताब्दी या ऐसी ही अवधि में इतनी सुविधाएँ किसी प्रकार इकट्ठी भी कर लें। साथ ही वर्तमान तकनीकी ढंग के गुणों में एक बहुत बड़ी कठिनाई है जिसके कारण वह समस्त संसार में फैलने में असमर्थ है। यदि यह मान भी लिया जाए कि प्रभु-राष्ट्र पिछड़े हुए राष्ट्रों की पैदावार को अपने ही स्तर पर लाने के लिए अपने रहन-सहन में कमी लाने को तैयार हो जाएँगे, तो भी उसमें समय का एक स्थायी अन्तर होगा। यह अन्तर तभी समाप्त किया जा सकता है जब हम मान लें कि प्रभु-देशों का तकनीकी ढंग क्रान्तिकारी नहीं रह जाएगा। ऐसा होने पर इतिहास की वह चालक शक्ति काम करना शुरू करेगी जो क्षेत्रीय बदलाव की ओर ले जाती है।

अपनी सभ्यता के विशेषाधिकारों की सुरक्षा के लिए अणुबम और हाइड्रोजन बम बनाना, उन अधिकारों को कुचले राष्ट्रों को बाँटने से अधिक आसान है। इन बातों के भयावह आतंक को इतिहास की पृष्ठभूमि में देखना होगा। वे आधुनिक सभ्यता के पंजे और विषैले दाँत और दुःसह बोझ हैं। इनके

होने से इनका स्वामी बदलकर एक प्रकार से डिनोसार हो जाता है, जो अपने ही बोझ से दबकर मर गया था। लेकिन इन बमों की शक्ति युद्ध के हथियारों के विशिष्ट कौशल का चरम रूप ही है जिसका प्रयोग यूरोपीय सभ्यता ने अन्य लोगों को पराजित करने के लिए किया, जिसकी अभी भी बढ़ोतरी हो रही है। अत: ये बम कहानियों के उन साँपों के अलावा और कुछ नहीं, जो छिपे खजाने की रखवाली करते हैं। ये साँप संख्या में इतने बढ़ गए हैं और उनका जहर इतना बढ़ गया है कि खजाने मालिकों को ही खतरा हो गया है जो उस खेल का ही एक हिस्सा है। अणुबम या हाइड्रोजन बम रखना उनके मालिकों के लिए भयानक खतरनाक बात हो जाएगी। उनके बनाने का खर्च, उनके प्रयोग का स्थायी खतरा और मानसिक रुख जो उनका कारण बनेगा और अन्त में युद्ध में उनके उपयोग से अवश्य ही वर्तमान सभ्यता में पतन और नाश की बुराइयाँ पैदा हो जाएँगी।

यहाँ एक प्रश्न पूछा जा सकता है कि क्या कोई दूसरी भी सभ्यता है, विकास की चाहे जिस स्थिति में हो, जिसके सम्बन्ध में कुछ उचित सम्भावना हो कि वह किसी अन्य प्रकार का कौशल, विशेषकर युद्ध के हथियारों के बारे में, विकसित कर लेगी? आज ऐसी कोई नहीं। यहाँ तक कि वे लोग जो अन्तरराष्ट्रीय सम्बन्धों के हथियार के रूप में अहिंसा की बात करते हैं; वे भी विकेन्द्रित सुरक्षा की समस्याओं के प्रति कोई सतर्कता नहीं दिखाते और यूरोपीय सभ्यता के किसी भी पुराने हथियार को इकट्‌ठा करने में सबसे अधिक लालची हैं। अत: यह सम्भव नहीं कि किसी बनती हुई सभ्यता की ओर संकेत किया जाए वर्तमान सभ्यता का विरोध करके उस पर अधिकार कर ले। लेकिन, शायद जब डिनोसार मर रहा था तब उसके आस-पास उससे अधिक शक्तिशाली पशु नहीं दिखाई पड़ रहे थे। अत: आवश्यक प्रश्न यह है कि वर्तमान सभ्यता पर अधिकार कर सकने वाले कोई प्रतिद्वन्द्वी हैं या नहीं और यह कि वह स्वेच्छा से अपने अधिकतम कौशल को सम्पूर्ण कौशल में बदल सकती है या नहीं। यदि वह इतनी स्वस्थ और समझदार नहीं सिद्ध

होती कि सम्पूर्ण कौशल को अपना सके तो कोई-न-कोई प्रतिद्वन्द्वी उस पर अधिकार जमा लेगा यह निश्चित है।

यह ज्ञात करने के लिए कि सम्पूर्ण कौशल की भावना और तकनीकी ढंग प्राप्त करना यूरोपीय सभ्यता के लिए सम्भव है या नहीं, अन्तरराष्ट्रीय व्यापार सिद्धान्तों के सम्बन्ध में उसके वैचारिक विकास की कहानी से कुछ सहायता मिल सकती है। एक समय था जब इस सभ्यता ने श्रम के भौगोलिक विभाजन की बात सोची थी। जिस प्रकार आधुनिक मशीनों वाले बड़े कारखानों में प्रचलित श्रम-विभाजन से राष्ट्र का लाभ होता है, उसी प्रकार सिद्धान्त में यह समझा जाता था कि अन्तरराष्ट्रीय श्रम-विभाजन से समस्त मानवता का लाभ होगा। यूरोपीय सभ्यता तब विकास के काल में थी। दिमाग बड़ा ही आशापूर्ण था। अतः उसके सिद्धान्त भी बड़े आशापूर्ण थे। कुछ विशेष लोगों के अधिकतम कौशल का जिसकी दिशा में यूरोपीय सभ्यता चल रही थी, समस्त मानवता का सम्पूर्ण कौशल समझने का भ्रम उसे था। अन्तरराष्ट्रीय श्रम-विभाजन पर आधारित अन्तरराष्ट्रीय व्यापार के सिद्धान्त का और कोई अर्थ नहीं है। जब यूरोपीय सभ्यता कम व ज्यादा समृद्धि के समाजों में बँटने लगी और पश्चिमी यूरोप के कुछ समाजों में बेकारी एक पुराना रोग बन गई तो दिमाग को एक और प्रयत्न करना पड़ा। इस बार फिर उसने सम्पूर्ण कौशल की बात नहीं सोची बल्कि अधिकतम कौशल के विचारों से ही भ्रमित होती रही। निःसन्देह सभ्यता ऐसे हवाई सिद्धान्तों की बात करती रही जो समस्त संसार पर लागू हो, चाहे वास्तव में उनके पीछे कुछ खास लोगों के विकास की स्वार्थपूर्ण चाह ही छिपी हो। अतः अन्तरराष्ट्रीय व्यापार के सिद्धान्तों को संशोधित करके सबको काम देने की बात भी उसमें शामिल कर ली गई।

यद्यपि सार्वभौमिक शब्दों के वस्त्र से ढका है पर यह सिद्धान्त मूल रूप में पश्चिमी यूरोपीय है। केवल आधुनिक ढंग के रोजगार की पृष्ठभूमि में इसका कोई अर्थ है। ऐसे क्षेत्रों में जहाँ अधिक लोग आधुनिक ढंग के रोजगार में नहीं हैं, और उतनी उत्पादन शक्ति भी नहीं है वहाँ अन्तरराष्ट्रीय व्यापार से

नाममात्र को ही लाभ होगा। केवल ब्रिटेन या अमरीका जैसे देशों के बीच, जहाँ अपेक्षाकृत आधुनिक ढंग से काम होता है, उसके स्थायी व व्यापक बेकारी का शिकार होने पर सबको काम और अन्तरराष्ट्रीय श्रम-विभाजन पर आधारित विश्व व्यापार का सिद्धान्त लाभदायक रूप में प्रयुक्त हो सकता है। आर्थिक दृष्टि से पिछड़े उन लोगों में सबको काम मिलने का भी क्या लाभ हो सकता है जिनमें दस या पन्द्रह घंटों के कड़े परिश्रम से उतनी ही पैदावार होती है जिसके बदले में विकसित देशों में एक घंटे की मेहनत से बनी हुई चीज मिलती है। अतः समस्त संसार पर लागू हो सकने वाला विश्व व्यापार का सिद्धान्त बनाने के लिए अन्तरराष्ट्रीय श्रम-विभाजन, सबको काम और पैदावार में तकनीकी प्रयोग, तीनों विचारों को शामिल करना होगा। न केवल सबको काम देने की ही आवश्यकता है, बल्कि ऐसा काम देने की जिसमें संसार के सभी क्षेत्रों के बराबर-बराबर धन पैदा हो। इसमें कोई आश्चर्य की बात नहीं कि अर्थशास्त्र पर लगभग दो सौ वर्ष विचार करने के बाद भी वर्तमान सभ्यता सबको काम देने का कोई ऐसा सिद्धान्त नहीं निकाल सकी जिससे अपेक्षतया बराबर की पैदावार हो। ऐसा सिद्धान्त बहुत विस्फोटक और क्रान्तिकारी होगा। इससे राष्ट्रीय सीमाओं के भीतर रहन-सहन के बढ़ते हुए स्तर, वर्तमान तकनीकी ढंग की वैज्ञानिकता अपने राष्ट्रीय राज्य आदि के सभी विचार समाप्त हो जाएँगे। लेकिन अपने साथ सचाई बरतने के लिए हमें इस सिद्धान्त पर आना होगा और ऐसा करते हुए एक ऐसी भावना और मशीनी ढंग को जन्म देना होगा जिसका आधार समस्त मानव-जाति के लिए अच्छा रहन-सहन हो। वास्तव में, पिछड़े हुए देशों में, चाहे कितने ही अनगढ़ रूप में यह सिद्धान्त निरूपित हो चुका है, यह यूरोपीय सभ्यता के वाहकों का कार्य है कि उसे स्वीकारें या अस्वीकारें। मस्तिष्क में इस सिद्धान्त को मानने से भी अधिक महत्त्वपूर्ण उसे अमल में लाने की इच्छा और प्रयत्न का प्रमाण होगा। अभी ऐसे किसी प्रमाण की कमी है। लेकिन अधिकतम कौशल से सम्पूर्ण कौशल के बदलाव की आवश्यकता के प्रति लगता है सतर्कता बढ़ रही है।

जिस ढंग से वर्तमान सभ्यता समस्त मानवता को सम्पूर्ण लाभ पहुँचाने में असमर्थ है, उस तरह यह मानव के सम्पूर्ण व्यक्तित्व को भी जगाने में अमसर्थ है। उसकी केवल उन्हीं योग्यताओं का प्रयोग प्रारम्भ हुआ है जो चाहे कितने ही अप्रत्यक्ष रूप में सही, राष्ट्र की पैदावार बढ़ाने से सम्बन्धित हों। एक संन्यासी अब भी मनन कर सकता है लेकिन मेधावी या साधारण व्यक्ति के पास न तो मनन के लिए समय है न उसके प्रति रुचि। वर्तमान सभ्यता में व्यक्ति अब ऐसी स्थिति में पहुँच गया है जब वह न तो महान हो सकता है न आराम ही पा सकता है। लगता है कि मस्तिष्क अपनी यात्रा के अन्त पर पहुँच गया है। यह भी एक स्थायी परन्तु निष्फल बेचैनी की स्थिति है। वर्तमान सभ्यता के सांस्कृतिक परीक्षण में विलक्षण भ्रष्टता आ रही है। पुस्तकें लिखना बढ़ईगीरी जैसी दस्तकारी हो गया है और पुस्तकें पढ़ना एक आरामदेह पलंग के इस्तेमाल की तरह है जो वेदना और ऊब से मुक्ति पाने के लिए बनाया गया हो। आधुनिक मानव शक्तिमान है पर चुका हुआ; उसका सबसे बड़ा दुर्भाग्य आनन्दविहीन आराम के लिए नियमित रूप से कठिन परिश्रम करना है।

समझने में कोई भी भूल न हो जाए, आधुनिक मानव में जो खूबियाँ हैं उन्हें अनिवार्य ही स्वीकार करना होगा क्योंकि शारीरिक और नैतिक स्वास्थ्य में अन्य सभी प्रकार के मनुष्यों से अधिक योग्य है। आधुनिक मानव के विशेष प्रतिनिधियों के रूप में गोरी जातियाँ संसार के ओलम्पिक खेलों में प्रथम एक दर्जन स्थान आसानी से प्राप्त कर लेती हैं। नीग्रो भी अवश्य ऊपर उठ रहा है लेकिन शारीरिक दक्षता गोरी जातियों की तुलना में और कुछ विशेष क्षेत्रों को छोड़कर उपलब्धि की अपेक्षा सम्भावना ही अधिक है। पिछले युद्ध की हार और बरबादी को झेलकर फिर उठकर आगे बढ़ने में कुछ गोरी जातियों ने जो लचीलापन दिखाया है वह उनके नैतिक स्वास्थ्य का पर्याप्त प्रमाण है। जर्मनों ने अपनी युद्ध-पूर्व स्थितियों को ढक लिया है। आधुनिक मानव के शारीरिक और नैतिक उत्थान में रहन-सहन का कितना योग हो सकता है, यह युद्ध के बाद के जर्मनी के इतिहास से आसानी से पता लग जाता है। नए हैंडबैग

या नए जूते मिल जाने या मिलने की सम्भावनाओं ने बहुतेरी जर्मन स्त्रियों में शारीरिक स्वच्छता और नैतिक सदाचार ला दिया है।

इतने पर भी आधुनिक मानव न तो सुखी है न ही नए रास्ते खोज पाने में समर्थ है। वह अभी भी परिश्रम करता है परन्तु अपने-आपको बिना किसी अन्तर या बदलाव के दुहराते जाने की इस कभी समाप्त न होने वाली ऊब को वह कब तक सह सकेगा। अन्ततोगत्वा अपने तनावों के बोझ के नीचे उसका टूट जाना सहज सम्भावित है। वह सुखी रहना न सीख सकेगा, क्योंकि उसके भीतर शान्ति नहीं है। वह नहीं जानता कि जीवन में नए क्षेत्र वह कैसे खोजे। आधुनिक सभ्यता के आधार पर सुख और सन्तुलित क्रिया के विरुद्ध हैं और उन पर इतना कुछ निर्मित हो चुका है कि अधिक निर्माण की बहुत कम सम्भावना बची है। अपने सम्पूर्ण व्यक्तित्व को प्रकाशित करने की खुशी मानव तभी अनुभव कर सकता है, जब वह बाह्य क्रियाशीलता और आन्तरिक सन्तुलन की एक संस्कृति बना ले। प्राचीन ढंग की सभ्यता में लौट जाने से मानव को उसी प्रकार सन्तुलन प्राप्त न होगा जैसे वर्तमान सभ्यता से चलते रहने से क्रियाशीलता बनी नहीं रहेगी और दोनों के अंशों को जोड़ने के प्रयत्न से सम्भव है कि सन्तुलन की निष्क्रियता और क्रियाशीलता के झगड़े ही उसके भाग में आएँ। यह हमारे समय की एक विडम्बना है और आधुनिक सभ्यता की भी कि परिवर्तन, सततता या अविचारपूर्ण जोड़ की इच्छाएँ ही आधुनिक मनुष्य में उठती हैं। नवीन गठनों का जन्म सम्भवतः उस समय तक नहीं होता जब तक कि मनुष्य मरीचिका के पीछे भागना बन्द नहीं करता।

यूरोपीय सभ्यता का अतलान्तिक और सोवियत खेमों में अलगाव अधिकतम कौशल से सम्पूर्ण कौशल में बदलाव की सभ्यता के सम्बन्ध में पूरी तरह निरर्थक है। इस अलगाव की भाषा सार्वभौमिक है और दोनों ही पूँजीवादी और कम्युनिज्म जैसे समस्त संसार पर लागू होने वाले सिद्धान्तों की बातें करते हैं। ऐसी भावना स्पष्ट रूप से प्रकट होती है जैसे मानव-जाति के भविष्य का निर्णय होना हो और झगड़ा सामाजिक और विश्व-व्यवस्था के

सिद्धान्तों के बारे में हो। लेकिन इन दोनों सिद्धान्तों में से किसी ने भी समस्त मनुष्य-जाति और पूर्ण व्यक्तित्व के सम्बन्ध में सम्पूर्ण कौशल के दो मूलभूत प्रश्नों की ओर ठीक से ध्यान नहीं दिया है। साम्यवाद ने निश्चय ही शोषण के अन्त द्वारा राष्ट्रों की समानता और मानव व्यक्तित्व के पूर्ण विकास पर आधारित विश्व-व्यवस्था की बात अवश्य की है। परन्तु ये साधारण आदर्श वैसे ही भ्रामक और निरर्थक हैं जैसे इसके पूर्व पूँजीवाद के, जिसने दोष-रहित स्पर्द्धा से बनने वाली विश्व-व्यवस्था की बात की थी। दोनों ही सिद्धान्तों ने इन साधारण इच्छाओं को ठोस आदर्शों में उतारने का प्रयत्न नहीं किया। समस्त संसार में पूँजी के निर्माण या पूर्ण मानव की अभिव्यक्ति के सम्बन्ध में कोई तर्कसंगत बात कहने को उनके पास नहीं है।

यह कोई नया विकास नहीं है। पहले भी, जब एक सभ्यता प्रौढ़ता पा लेती थी और उसका पतन निकट आ जाता था, तो अपने को जीवित रखने के लिए वह बिखर जाती थी। रोम और बाइजेंटियम, कौरव और पांडव, मेमफिस और निवेव ऐसे बिखराव के कुछ उदाहरण हैं। इन बिखरावों और इनके कारण होने वाले युद्धों से हर बार तत्कालीन समस्त विश्व काँप-काँप उठता था, ऐसा उस काल के कवि और लेखक कहते हैं कि इसमें काफी हद तक सचाई भी है। परन्तु बिखराव में स्वयं कुछ न था जिसका समस्त विश्व से कुछ सम्बन्ध हो सकता था। सबसे अधिक युक्तिपूर्ण बात महाभारत युग से आई है जबकि पाँच पांडव भाइयों और सौ कौरव भाइयों ने युद्ध में लड़कर आपस में विनाश किया पर बाहरी दुनिया से यही कहा कि वे एक सौ पाँच हैं। इससे कोई मतलब नहीं कि एक दूसरे के विरुद्ध उन्होंने कैसा भीषण युद्ध किया, लेकिन बिखरते हुए चचेरे भाइयों ने अपनी समझ और योग्यता के अनुसार अपनी सामान्य सभ्यता की हर सम्भव सेवा की। अतलान्तिक गुट और सोवियत गुट, पूँजीवादी और साम्यवादी, अपने-अपने भिन्न ढंगों से अपनी सभ्यता की चालक शक्तियों को जीवित रखने, राष्ट्रीय पैदावार को विकसित करने और राष्ट्रीय सीमाओं के भीतर रहन-सहन के स्तरों को उठाने, बड़े पैमाने पर लाने के लिए उद्योग

और खेती में विज्ञान का प्रयोग, सामाजिक समानता और आरामदेह घर पाने की प्यास, और सब मिलाकर यूरोपीय सभ्यता को हमेशा के लिए बनाए रखने का प्रयत्न कर रहे हैं। इस सम्बन्ध में उनके तरीकों में भिन्नता है कि सम्पत्ति का मालिक कौन होगा, और इस भिन्नता का यह फल हो सकता है कि विकराल विनाशकारी युद्ध हो। लेकिन उनके प्रयत्नों के लक्ष्य में कोई अन्तर नहीं और बाहरी दुनिया के लिए वे 'एक सौ पाँच' ही हैं। परन्तु उनके झगड़े का कोलाहल कान फोड़ने वाला है। यह बाहरी दुनिया को सोचने को विवश करता है कि कोई सार्वभौमिक मानवी सिद्धान्तों पर संकट आया है और अलग-अलग ढंग से जिसका एक या दूसरा पक्ष प्रतिनिधित्व करता है। सारे इतिहास में मानव की नियति की एक भयानक विडम्बना का यह एक पहलू है। गुलामों ने अक्सर अपने मालिकों की प्रतिस्पर्द्धाओं और युद्धों में किराये के टट्टुओं की भाँति नहीं बल्कि आदर्शवादियों के रूप में भाग लिया है। लेकिन इसकी एक क्षीण सम्भावना है कि इस बार पिछड़ी हुई दुनिया इस ढंग से कम्युनिस्टों और पूँजीवादियों के झगड़े से अलग रहे कि प्रभु-राष्ट्रों का एक बड़ा भाग भी यह समझ ले कि नई मानव सभ्यता के बनाने में उनके बिखराव व झगड़े का प्रभाव निरर्थक है।

बिना संघर्ष के कभी किसी नई चीज का जन्म नहीं हुआ। यह आवश्यक नहीं कि यह संघर्ष हिंसात्मक या रक्तपातपूर्ण हो। भूतकाल में सदा ऐसा ही हुआ है क्योंकि वर्ग और वर्ण के आन्तरिक बदलाव और शक्ति और समृद्धि के बाह्य परिवर्तन इस संघर्ष के साथ जुड़े रहे। वर्ग और वर्ण क्षेत्रीय बदलावों को समाप्त करके मानव-जाति की समीपता का लक्ष्य रखने वाले संघर्ष के लिए सविनय और शान्तिपूर्ण होना आवश्यक है। कुछ सीमा तक आन्तरिक उद्देश्यों के लिए इस संघर्ष के रूप दिखाई पड़ते हैं। जहाँ तक अन्तरराष्ट्रीय सम्बन्धों का प्रश्न है ऐसा कोई रूप कहीं नहीं है। संघर्ष के इस नए ढंग के आन्तरिक रूपों का सतत विकास और बाह्य रूपों की खोज आवश्यक है। क्रान्ति में करुणा का मेल सिविल नाफरमानी (सविनय अवज्ञा) है। समूह और

व्यक्ति के लिए सिविल नाफरमानी को एक स्थायी मानसिक दृष्टिकोण का रूप देना होगा। विभिन्न राष्ट्रों में और राष्ट्रों के आन्तरिकता की असमानता से सम्बन्ध रखने वाले भी बहुत बड़े-बड़े अन्याय हर दिन होते रहते हैं और इस कारण हिंसापूर्ण संघर्ष के सामने सिविल नाफरमानी की सफलता की कोई सम्भावना नहीं, जब तक कि यह एक स्थायी दृष्टिकोण न बन जाए। मनुष्य के व्यक्तित्व के किसी एक या दूसरे पहलू को अधिक-से-अधिक बढ़ावा देने के बजाय उसके समस्त स्वभाव सहित उसके पूर्ण व्यक्तित्व की अभिव्यक्ति के लिए भी उसे एक ऐसा हथियार देना आवश्यक है जिसके द्वारा वह हर स्थिति में अपना सम्मान सुरक्षित रख सके। सिविल नाफरमानी एक ऐसा ही और एकमात्र हथियार है।

इतिहास-चक्र यह नहीं बताता कि उसकी चक्रगति बन्द होगी या नहीं। लेकिन एक बार फिर महत्त्वपूर्ण आशा की स्थिति है। मनुष्य इस दोराहे पर खड़ा है जहाँ अधिकतम कौशल की किसी अन्य दिशा की ओर चल पड़े अथवा सम्पूर्ण कौशल की दिशा को अपनाए। यदि वह इतिहास-चक्र को तोड़ने का निर्णय करे तो उसकी नई सभ्यता की स्थूल रूपरेखा अपने-आपको प्रकट कर चुकी है। यह नई सभ्यता समस्त संसार में लगभग बराबर पैदावार द्वारा मानव-जाति की समीपता और वर्ग और वर्ण तथा क्षेत्रीय बदलाव का अन्त करने का प्रयत्न करेगी। इसकी तकनीकी और प्रशासन इस आवश्यकता के अनुकूल होगा और विकेन्द्रित समुदायों की आपसी महत्ता के आधार पर तथा एक एकता की मानवता द्वारा लोग अपना शासन स्वयं चला सकेंगे। पैदावार के साधनों को सामाजिक मिल्कियत के अधिकार में लाया जा सकेगा यद्यपि मिल्कियत की ऐसी किस्में जैसे न्यायपूर्वक बाँटी गई जमीन की सम्पत्ति व्यक्तिगत उपयोग में छोड़ी जा सकती है। राष्ट्र के भीतर अधिकतम और न्यूतनम आमदनियों के सिद्धान्त पर दृढ़तापूर्वक इस प्रकार चलने से कि बराबरी बढ़े, समीपता का क्रम फैलेगा और गहरा होगा और गम्भीर होगा। मनुष्य, समूह में और व्यक्तिगत रूप से अन्याय के विरुद्ध सिविल नाफरमानी

का प्रयोग करना सीखेगा। व्यक्तिगत स्तर पर मनुष्य कथाओं का इतिहास से, स्थायित्व का प्रवाह से मिश्रण जानने का प्रयत्न करेगा और सन्तुलन के साथ संघर्ष के अपने व्यक्तित्व का विकास करने का प्रयत्न करते हुए वह शान्तिमय क्रियाशीलता की अपनी नई सभ्यता में भाग लेगा।